校局合作
培养公安实战型人才之研究
——共同体与合作

王勇鹏 著

中国人民公安大学出版社
群众出版社
·北 京·

图书在版编目（CIP）数据

校局合作培养公安实战型人才之研究：共同体与合作/王勇鹏著．—北京：中国人民公安大学出版社，2018.4

ISBN 978-7-5653-3248-7

Ⅰ.①校…　Ⅱ.①王…　Ⅲ.①公安—高等学校—人才培养—研究—中国
Ⅳ.①D631-40

中国版本图书馆 CIP 数据核字（2018）第 057738 号

校局合作培养公安实战型人才之研究

王勇鹏　著

出版发行：中国人民公安大学出版社
地　　址：北京市西城区木樨地南里
邮政编码：100038
经　　销：新华书店
印　　刷：北京市泰锐印刷有限责任公司

版　　次：2018 年 4 月第 1 版
印　　次：2018 年 4 月第 1 次
印　　张：9.25
开　　本：787 毫米×1092 毫米　1/16
字　　数：200 千字

书　　号：ISBN 978-7-5653-3248-7
定　　价：40.00 元

网　　址：www.cppsup.com.cn　　www.porclub.com.cn
电子邮箱：zbs@cppsup.com　　zbs@cppsu.edu.cn

营销中心电话：010-83903254
读者服务部电话（门市）：010-83903257
警官读者俱乐部电话（网购、邮购）：010-83903253
教材分社电话：83903259

目录

第一章　绪　　论

> 做好党的政法工作，必须加强队伍建设。
>
> ——习近平

第一节　选题背景

为什么选择“校局合作培养公安实战型人才”作为本书的研究，并且将“合作”与“共同体”联系起来呢？主要是缘起以下社会发展背景与育人实践引发的思考。

一、公安实战型人才的培养：社会发展对公安工作日渐提出的新要求

（一）社会转型发展中的矛盾与风险不断要求公安机关更新工作理念

当前我国正处在社会激烈变革的转型发展期，其实质是传统体制获取现代功能的现代化过程，是社会结构的整体性变迁。① 诚如科尔奈所言“转型并不仅仅只包括经济的转型，还包括了生活方式、文化的转型，政治、法律制度的转型等多个方面”，② 一国的政治、经济与社会关系会因大规模制度变迁而发生根本转换。特别是我国的社会转型具有农业文明、现代文明和后现代文明的共时性特征，它既不是苏联和东欧社会主义国家转型的模式，也不是向以“华盛顿共识”为指导的、以美英“盎格鲁－撒克逊”为代表的模式趋同；它是执政党和政府自上而下强力驱动型的社会转型，是用市场和政治权力两只手在同时整合生产要素，并受到中国的传统文化、政党文化和商品文

---

① 黄焕汉．中国社会转型及其价值冲突之化解［J］．求索，2010（9）．

② ［匈］雅诺什·科尔奈．大转型［M］．北京：中信出版社，2005．

化的三重影响，具有明显的“中国模式”特点；它是以经济体制改革为先导，政治、经济、社会、思想文化各个领域多元互动、相互促进的社会整体变革；它具有渐进式稳定发展的特点，不是快速彻底摧毁需要改造的社会主义结构并立即实行市场经济，而是通过稳健的制度改革措施，不断协调政府、市场与社会三大制度治理系统之间的关系，逐步确立市场经济，从而在保持国家与社会秩序基本稳定的基础上推动着国民经济的持续高速增长，不断制造“中国奇迹”，试图走出一条既符合现代型经济、社会的基本要求，又具有社会主义属性的另一种现代化形态。[①] 经过近四十年的社会改革，中国已出现了“市场经济、民主政治与公民社会”的制度变迁，但由于中国社会历史与转型条件所限，仍然存在着诸多转型风险与制度缺陷。[②]

中国持续多年较快的经济增长促进了经济社会结构的变化，同时由于发展不同步，不可避免地产生了较大的城乡差别、区域差别，阶层、地区收入差距的“马太效应”明显，贫富差距严重；伴随城市化的较快推进，大量征地和拆迁带来了大量流动人口、失地农民，并常因利益冲突引发群集性事件；社会保障制度和再分配政策相对滞后；生态、资源和环境问题恶化；食品、金融、网络安全问题频发；传统安全与非传统安全并存；转型期的“暂时无序（失序）”引发的价值冲突，民族与宗教、信仰问题交织、人民内部矛盾凸显；加剧了不同利益主体间的矛盾与冲突，甚至衍生出相应的社会愤懑与“怨恨”情绪，以及与之相关的道德下滑、诚信缺失乃至个人犯罪、集体犯罪、行业犯罪等，社会矛盾和冲突日益复杂，[③] 新富群体、农民工群体、弱势贫困群体、宗教信仰群体、涉访群体、网民群体也成为社会不稳定因素，直接影响到经济、社会乃至政治的安全和稳定，并对国家治理能力提出重大挑战。

根据风险社会理论，犯罪的生成机理和发展态势决定于一定社会的秩序性质。随着社会财富生产的不断扩大、社会控制机制相对于社会关系日益复杂化的局限性、现代社会制度的变革、不断涌现的新技术等对犯罪的发生、演化产生了非常重要的影响。犯罪演化呈现出实害性向风险性转型、犯罪危险性日益加剧、犯罪隐蔽化和匿名化、风险行为的欠规制状态以及犯罪全球化等主要态势和趋势。[④]

“国家安危，公安系于一半”，肩负捍卫社会稳定重任的公安机关必然要

---

① 毛立言．新中国五十年经济发展与未来前景［J］．中国社会科学院院报，2004（10）.

② 刘燕，万欣荣．中国社会转型的表现、特点与缺陷［J］．社会主义研究，2011（4）.

③ 徐湘林．社会转型与国家治理［J］．政治学研究，2015（1）.

④ 孙鹏．面向实战需求的公安院校协同创新人才培养模式研究［J］．公安教育，2016（8）.

直面上述社会转型期的各类矛盾和冲突提出的新挑战，增强社会责任感和紧迫感，迎难而上，更新理念，创新思维，综合运用政治、经济、社会、文化、法律、道德等各类资源，着力解决社会稳定和安全问题，有力保障社会健康向前发展。①

（二）法治化的社会治理不断要求公安机关提升工作能力

依法治国历来是我们党领导人民治理国家的基本方略，法治正在成为当今中国治理理念和社会共同信仰。我国《宪法》第5条规定："一切国家机关和武装力量、各政党和社会团体、各企业事业组织都必须遵守宪法和法律。一切违反宪法和法律的行为，必须予以追究。任何组织或者个人都不得有超越宪法和法律的特权。"特别是党的十八大以来，更加注重发挥法治在国家治理和社会管理中的重要作用，明确提出了加强法治建设的新要求，表明了党中央加快建设社会主义法治国家的坚定决心和信心。党的十八大结束不到一个月，习近平同志在2012年首都各界纪念现行宪法公布施行30周年大会上讲话中提出"坚持依法治国、依法执政、依法行政共同推进，坚持法治国家、法治政府、法治社会一体化建设"。随后不久就将"推进法治建设"正式写进了十八届三中全会审议通过的《中共中央关于全面深化改革若干重大问题的决定》中，十八届四中全会审议通过了《中共中央关于全面推进依法治国若干重大问题的决定》，提出了"建设中国特色社会主义法治体系、建设社会主义法治国家"的依法治国总目标，明确了依法治国重大任务，要求完善以宪法为核心的中国特色社会主义法律体系，加强宪法实施；深入推进依法行政，加快建设法治政府；保证公正司法，提高司法公信力；推进以审判为中心的诉讼制度改革，明确侦查、审查起诉的案件事实证据经得起法律的检验；增强全民法治观念，推进法治社会建设；加强法治工作队伍建设；加强和改进党对全面推进依法治国的领导。

法治是从价值观和方法论的角度，为新时期公安工作提出了新思维、新理念。公安机关担负着行政执法、刑事司法的双重职能，是承载国家公信力的重要部门，在推进法治中国建设的进程中，发挥着其他任何部门都无法替代的特殊作用。特别是随着互联网时代的到来，公安执法环境发生了急剧的变化，社会服务性工作过多，在一些由拆迁、农民工讨薪、破产企业职工安置等引起的事件中，公安民警常因参与执勤而被群众视为"敌人"，群众容易把不满发泄到民警身上，民警在执行公务时常遭受不同程度侵害的现象频发；公安机关执法活动一旦出现瑕疵，就很有可能迅速成为社会关注的焦点、舆

① 魏猛．社会转型期我国公安机关维稳工作的挑战与应对策略［J］．中国公共安全（学术版），2012（1）．

论炒作的热点，直接影响党和政府的形象，损害社会主义法治权威；以审判为中心的诉讼制度改革要求我国各级公安机关要逐步转变传统的思维观念、改革现有的侦查模式，切实做好从“以侦查为中心”向“以审判为中心”转变的思想、制度与人才准备。为此，2016 年 9 月国家出台了《关于深化公安执法规范建设的意见》，提出构建完备的执法制度体系、规范的执法办案体系、系统的执法管理体系、实战的执法培训体系、有力的执法保障体系，实现执法队伍专业化、执法行为标准化、执法管理系统化、执法流程信息化，保障执法质量和执法公信力不断提高，全面建设法治公安，努力让人民群众在每一项执法活动、每一起案件办理中都能感受到社会公平正义。法治是社会最大的公约数，公安机关要在法律框架内惩治犯罪、处理矛盾、保护人民合法权益、维护国家安全和社会稳定，不能迁就用“闹”来解决问题；要坚定依法办事形成示范，牢牢牵住依法办事这个预防矛盾的“牛鼻子”，加强对群众的法治宣传，善于引导群众把法律作为规范自身行为、维护合法权益的基本准则；运用法治思维和方式化解矛盾，让群众信服法律权威、体会公平正义；对矛盾纠纷依法达成的协议、依法作出的处理结论，公安机关要坚决执行，执行不到位的要严肃追究责任；若有人无理取闹甚至聚众滋事、扰乱公共秩序的则要依法严肃处理，树立法治权威，维护社会秩序。

执法活动最终要靠民警去执行，执法者的素质始终起着决定性作用，但受诸多因素的影响，一些民警执法理念有偏差、执法能力有差距，加之一些执法制度不完善、执法监督缺乏力度，公安执法活动中还存在一些不容忽视的问题，如执法不规范，违法采取、变更强制措施，随意没收保证金或以保代处，证据意识不强，勘验现场证据固定不全面甚至重要证据灭失，笔录粗糙，证据间有矛盾未得到相互印证或合理排除，网上办案证据上传不及时，案件无正当理由久拖不决；或执法不公正，受利益驱使选择性执法，以罚代拘、罚款顶格，或受绩效影响应付性执法，片面追求办案数量，或受关系干扰趋向性执法，办人情案，超范围调解等；或执法不作为，有警不接，对群众报警求助不按规定及时出警处置，或有警不接，派出所对于涉嫌刑事犯罪的群众报警不是按“首问负责制”立即受理、调查，而是直接指使当事人向刑侦部门报案；对于自己有权管辖的案件迟迟不予立案，或有立不查，丧失最佳办案时机，引发涉法信访案件，等等。

因此，公安机关如何主动作为，牢固树立法治理念，增强运用法治思维和法律手段处理复杂问题、维护社会公平正义的能力，是当下法治中国建设对公安工作的新考验。

（三）社会信息化的快速发展不断要求公安机关创新工作方法

自 20 世纪 90 年代以来，随着信息技术的飞速发展和广泛应用，社会信息化已是当今社会的发展大势和显著特征。特别是自21世纪以来，智能移动终端、数据处理和智能技术更是日新月异，极大地改变了人们的生活、学习和工作方式，人们已快速从PC互联网时代步入移动互联网时代。“互联网+”的理念已深入我们的内心，我们现在几乎可以不受时间、地点的限制，随时与人分享沟通，无时无刻不在互联网的流水线上工作，甚至有研究者认为，人类未来十年的生活将以“全数字化”和“互联网”为特色，到2018年，无线和移动设备流量将超过有线设备流量，2020年之前，数字世界的字节数几乎就会与宇宙中恒星的数量相当：3×10^{23}。① 随着科技的进步与经济的繁荣，我国社会形态发生了巨大变化，出现了信用卡诈骗、各类网络犯罪等新型犯罪形式。犯罪方法手段、犯罪组织结构、犯罪作用范围等犯罪要素都在发生着深刻的改变。

孟建柱同志指出：“让海量数据汇集起来的大数据，让物与物连接起来的物联网，极大地提高了我们认识世界、改造世界的能力。未来，人类社会将进入所有人、物都可互联互通的‘万联网’时代，颠覆性技术将层出不穷，更多超乎想象的奇迹将会发生。只有掀起一场头脑风暴，具有进入更未知、更前沿领域的勇气，才能掌握开启未来之门的钥匙，使政法工作占领先机、赢得优势。”因此，向科技要警力、向信息化公安进军、打造数字化警务等是近期公安工作改革与创新的基本理念，极大地促进了公安工作从静态到动态、从模糊到精确、从粗放到集约、从被动到主动的高效转变，掌控社会治安、服务经济社会发展的能力显著提升。如依托大数据，开发出了不少实战化的警用信息综合利用平台，将各类人口信息、机动车辆信息、违法犯罪人员信息、接处警信息、社会信息、重要场所与部位信息等输入其中，实时将监控视频录像上传、整合、共享，并在身份识别、比对报警、网上布控、串并案分析、案件预警、追逃等方面广泛应用，构建治安防控、交通管理、打击犯罪等“多维一体”的“天罗地网”，给治安管理、侦查破案带来了革命性的变化，特别在命案、涉黑涉枪涉恐案等重大影响案件侦破中发挥了传统手段不可替代的作用；“智慧警务”正在引领公安改革新方向，它以互联网、物联网、云计算、智能引擎、数据挖掘、视频技术等为技术支撑，促进公安系统各个功能模块或警用平台高度集成、协调运作，实现警务信息的“高度共享、深度应用”，拓展警务服务空间，提高警务工作效能。

各地公安机关纷纷搭建公安实战化综合管理应用平台，全面推动信息化与基础工作的有机融合，完成警务云平台、合成作战平台、情指一体化指挥

① ［美］肖恩·杜布拉瓦茨．数字命运［M］．姜昊骞等译．北京：中国工信出版集团，2015：51．

调度平台、视频网安全边界平台、视频实战综合应用系统、立体化防控系统、视频应用数字证书安全认证系统、视频图像信息数据库系统、人员卡口系统等项目技术编制工作；确保数据融合共享、系统互联互通，构建视频监控系统全网共通、视频图像信息全网共享、一点布控全网响应、应用管理全网运行的公共安全管理新模式，有力提升社会治安管控能力。

例如杭州公安机关运用大数据、云计算、物联网、“互联网＋”等新技术，打造出以多节点、高性能、大容量为特点，以视频云、公安云、公众云三个服务平台为支撑，秒运算能力达到44.85万次，总储存量达70PB的公安云计算中心，并搭建大数据网络传输高速运行通道，形成了星环互补、主干“双万兆”覆盖的视频监控专网和公安信息网。并在建设中超前引入视频追踪、视频增强、人脸识别等全新的智能化技术，同时整合社会视频资源10万路，实现对全市治安防控重点地段、人员密集场所、城区主要道路口的视频监控全覆盖。

但与此同时，信息化也给公安工作提出了新要求。例如，如何维护信息安全？如何从海量信息中加以有效运用？如何接受大众的广泛监督？如何应对媒体舆情？如何顺应数字化创新公安工作服务人民群众？让数据多跑路、让群众少跑腿……

在大数据时代，网络空间是国家安全的新空间，网络社会是新的社会公共场所，无处不在的数据信息使得国家随时面临信息泄露的风险，数据安全的威胁随时都有可能发生。① 如在大数据时代，由各种国家信息基础设施和重要机构所承载着的石油和天然气管道、水、电力、交通、银行、金融、商业和军事等庞大数据信息，都有可能成为被攻击的目标，或因管理漏洞增加机密泄露风险，甚至危及国家安全；人们常用的手机、电脑操作都被服务器记录下来，微信、微博、电邮、QQ论坛、手机银行等大量数据汇集与运行，会对个人信息安全和隐私等带来一定的风险影响。为此，在大数据时代，数据信息安全的威胁随时都有可能发生，这势必会带来社会恐慌和社会问题。

社会信息化产生的海量信息让我们疲于应对，无所适从；② 在“互联网＋”背景下，信息更加透明、人人都是自媒体，数字化可以突破时空的限制，人们可以通过微信、微博、互联网等多种渠道来表达自己的需求、意见和建议等参与国家治理，大数据的发展使社会公众在推进国家治理能力现代化中成为不可忽视的重要力量，公安机关执法等公共治理活动已被置于社会公众的

---

① 董立人．互联网＋助推国家治理体系和治理能力现代化［J］．中共四川省委党校学报，2016（4）．

② 刘晓英，文庭孝．社会信息化反思［J］．高校图书馆工作，2016（1）．

监督之下……公安机关如何顺应信息化发展趋势和要求，竭力加强信息化素养，创新工作方法，善于运用大数据思维，提升公安实战和服务群众水平已是箭在弦上、刻不容缓。

公安高等教育是公安工作的重要组成部分，是加强公安队伍建设的源头和基础，培养面向公安实战需求的应用型人才是当前公安院校办学的中心任务。[①] 公安部《关于加强和改进公安教育训练工作的意见》明确指出："公安教育训练工作必须坚持实战牵引、贴近实际，始终站在现实斗争前沿。"由此可见，公安院校如何培养符合实战部门需求的高素质、应用型人才，这是公安教育界必须认真研究思考的重要问题。[②]

二、实战能力不足：我国公安院校人才培养存在的突出问题

（一）我国公安院校人才培养现状

公安机关担负着保证党的执政地位、维护社会稳定、服务经济社会发展的重要政治和社会责任，公安人才是公安机关履职能力的基石、创新动力的源泉，公安队伍素质直接决定了凝聚力与战斗力，关系到公安机关职责的落实。如何培养更多更优的公安人才，建设一支群众满意、国家放心、胜任工作的公安队伍，历来是我国公安院校一项重要而又艰巨的使命。长期以来，为公安机关培养与输送满足公安实战需求的警务人才始终是公安教育训练的首要任务。

党中央、国务院一贯对公安工作高度重视，对公安教育和公安队伍建设十分关心。经过近几十年的发展，我国公安高等教育取得了显著的成效，经历了单一的在职民警教育培训和普通全日制学历教育与在职民警教育培训并存两个时期，逐步形成了具有我国公安特色的教育培训体系，综合实力和国内外影响力显著增强，截至 2016 年年底，已有 35 所公安高等院校，其中本科院校 25 所，高职高专院校 10 所，教职工 1.6 万人、在校生约 15 万人，已成为世界上规模最大的警察高等教育体系。[③] 2011 年，公安学和公安技术经国务院学位委员会批准增列为一级学科，标志着公安学科建设、公安高层次人才培养和公安学术研究取得重大突破。目前，全国共开设公安类本科专业 24 个、专科专业 25 个，建有 3 个博士后流动站、3 个一级学科博士学位授权点、14 个一级学科硕士学位授权点，学科专业设置基本覆盖公安业务主要领域，已基本形成以公安本科教育为主体的多层次公安高等教育体系，公安院

① 孙鹏．面向实战需求的公安院校协同创新人才培养模式研究［J］．公安教育，2016（8）．
② 闫继忠．面向实战　突出能力　培养应用型公安人才［J］．公安学刊，2014（2）．
③ 详见公安部内部资料《公安高等教育发展规划纲要（2016—2020）》（征求意见稿）。

校累计向全国公安机关培养输送了近60万名的专门人才，多数已经成长为各级公安机关领导干部或业务骨干，极大地提高和改善了公安队伍数量和质量，为公安工作和公安队伍建设提供了强有力的人才支撑和智力保障，为社会经济健康发展做出了重要的贡献。①

一代代公安民警用鲜血和生命筑起了保护群众安全的铜墙铁壁，用无畏和坚毅筑就了造福一方平安的忠诚警魂。“从来没有什么岁月静好，只不过有人替你负重前行。”简单一句话，写出了人民警察的勇于担当和无私奉献。仅党的十八大以来，因公牺牲的民警2105人、受伤民警22977人；仅2016年，因公牺牲民警人数就有362人，负伤4913人，这意味着几乎“一天牺牲一个民警”。② 每一个数字背后，都是一个个不畏牺牲、为国为民的鲜活生命。危难面前，他们挺身而出；万家灯火，他们执着坚守。

党的十八大以来，习近平总书记等中央领导同志多次听取公安工作汇报，并就深入推进公安改革、进一步加强和改进新形势下的公安工作和公安队伍建设作出重要指示，中央印发了《关于全面深化公安改革若干重大问题的框架意见》及相关改革方案，突出全面深化公安改革坚持以问题为导向，将改革的指向聚焦在完善现代警务运行机制、提高社会治安防控水平和治安治理能力、推进公安行政管理改革、建设法治公安等方面，不断提高人民群众的安全感、满意度及公平正义感；并明确根据人民警察的性质特点，建立有别于其他公务员的人民警察管理制度和保障机制；按照适应正规化、专业化、职业化建设要求，建立健全人民警察招录培养机制。

（二）我国公安高等教育人才培养中的突出问题

当前，我国正处在社会发展转型期，既面临发展的重要战略机遇，也面临各类社会矛盾的挑战，对公安工作不断提出新要求，无论是整个社会面的打防管控，还是各种新型犯罪的直接威胁，无不对警察队伍素质提出更新更高的要求，我们公安院校人才培养不断面临新的挑战，需要不断探索改革，努力提高育人质量。但由于公安教育特别是院校教育的起步较晚，起点较低，办学条件和师资队伍良莠不齐，以及受传统教育体制、教育观念和普通教育办学模式的影响，公安院校教育染上了较浓重的普通高等教育色彩，长期以来不同程度地存在“两脱离”、“三张皮”和“三多三少”现象。③“两脱离”

① 周志均，王彦吉．论新中国成立后公安教育培训发展的几个阶段［J］．首都师范大学学报（社会科学版），2012（4）．

② 蔡长春．去年“一天牺牲一个民警——公安民警用鲜血生命守护群众岁月静好”［N］．法制日报，2017-4-4（3）．

③ 李迎春．公安院校教育改革的迫切性及基本思路［J］．广州市公安管理干部学校学报，2000（1）．

即教学与公安实践相脱离、教师与公安工作相脱离。“三张皮”即院校教学与学科研究同公安实践各自为政、互不相干。“三多三少”即在教学中课堂讲授多，实战训练少；照本宣科多，教师自己的科研和办案成果少；校内课堂教学多，公安一线的实践少。就人才培养质量而言，目前最突出的问题是公安实战能力比较弱，无法有效满足当前社会发展亟须的、大量的、高级警务应用型人才的需求。

我国现有三十余所公安院校，除中国人民公安大学、中国刑事警察学院等公安部部属院校之外，绝大部分公安类本科院校都是近十年从原来的公安高等专科院校升格而来。这些新晋公安类本科院校升格后，依托原有公安类专业，增加或创办新的专业方向，短时间内获得了快速的发展与壮大。但大部分公安类本科院校学科建设与师资队伍建设滞后于学校办学规模的扩张速度，普遍存在公安业务教师数量偏少、部分新教师缺乏深厚宽广的公安理论基础与过硬的警务实战技能，导致在人才培养过程中公安理论深度不足和警务实战训练水平不高。加之公安类高校由于多年来坚持行业办学特色，图书资源、网络文献资源所涉及的内容十分有限，目前公安院校基本上没有购买以 Elsevier、Springer 为代表的外文期刊数据库，学生难以及时获得学科前沿新发现、新理论与新技术，制约了创新意识与解决问题能力的培养。[①] 近年来，基层公安机关反馈回公安院校学生培养的问题主要集中在公安院校毕业生所学知识与实际脱节、实战素质缺乏等。[②]

上述现象，既有悖公安院校的人才培养目标，也反映出公安院校的教育改革迫在眉睫。

针对上述问题，2015 年年底，人力资源和社会保障部等六部门联合下发《关于公安院校公安专业人才招录培养制度改革的意见》，明确公安院校应以公安工作需求为导向，以培养公安专业人才为主要目标，加强高素质应用型警务人才和实战型警务人才培养，均强调健全校局合作、协同育人机制，构建实验、实训、实习和实战有机结合的实践教学体系，着力提升学生警务实战能力。然而，经过实践发现，校局合作育人虽是一条公认的有效的公安应用型人才培养之路，但现实中进行得并不一帆风顺，在不少地方不时呈现出“（学校）一头热（公安机关）一头冷”的困境。[③]

---

① 孙鹏．面向实战需求的公安院校协同创新人才培养模式研究［J］．公安教育，2016（8）．

② 齐麟．公安院校“实战型”刑事科学技术人才培养模式研究［J］．公安教育，2016（9）．

③ 谢盛坚，李松梅．论校局合作的历史、现状制约因素及发展思路［J］．政法学刊，2014（4）．

三、"共同体"与合作间的密切关系：来自"共同体"理论的启迪

校局之间到底要怎样的合作才能获得可持续、健康地发展？带着这个问题，笔者首先走进合作理论，希望从中找到力量，结果发现合作有利益合作和非利益合作之分，"共同体"与合作之间关系非常密切，并且"共同体"对"共同利益"与"私人利益"、"成员利益"作了明晰的区分，超越了一般"利益上合作"的局限，避免了无利可图便无合作可能的局限。

人是一种社会化的动物，势必生活在各种各样的共同体中。① "共同体"是一个在社会学、政治学、经济学和教育学都有深厚理论渊源、使用频繁的概念，经过不断发展和演变，"共同体"这个概念已经在政治、经济、文化、教育、法律、科学等多个领域得到了广泛的运用，而且在每个领域的运用都衍生出很多意义各不相同的词汇，诸如政治共同体、经济共同体、文化共同体、法律共同体、科学家共同体、教育共同体、人类命运共同体等。

政治学视角。共同体思想最初出现在政治领域，其历史渊源可追溯到古希腊文明，它是与"城邦"这一术语紧密连在一起的。亚里士多德在其著作《政治学》中认为，城邦就是一种自由和平等的公民构成的共同体；古罗马西塞罗在阐述国家时使用了"共同体"一词，他指出，"国家乃是人民的事业，但人民不是人们某种随意聚合的集合体，而是许多人基于法权的一致性和利益的共同性而结合起来的共同体。这种联合的首要原因不在于人的软弱性，而在于人的某种天生的聚合性"。② 到了18世纪，法国伟大的启蒙思想家卢梭提出来的共同体实质上是一个基于共同的社会契约的由民众组成的政治共同体，其概念是一个纯粹的政治学概念。政治话语中的"共同体主义"反对原子主义的自我观，主张个体的认同来自共同体，权利乃基于普遍的善之上，反对自我中心的权利至上主义；主张在政治中积极的公民参与，力求通过各种中介性组织来弥补个人与政府之间的裂缝，在个体自由和政府集权之间寻找某种必要的张力；力主通过社会成员间的团结互助、乐于奉献与和平共处来实现社会正义和平等的目标。由此可见，共同体可视为一种能够促进幸福生活的美好社会图景或价值立项而起到范导性作用，是拯救原子化自由和社会碎片化的出路；共同体是一种展现人的本质存在，恢复人类生活丰富性和多样性，达到美好幸福的生活目的的场所。共同体并非为了特殊目的而按照某种规则建立的，而是成员通过相互合作和互惠互利而形成的社会背景，是

---

① 韩升．生活于共同体之中——查尔斯·泰勒的政治哲学［M］．北京：中国社会科学出版社，2010：13.

② ［古希腊］西塞罗．论共和国［M］．王焕生译．北京：商务印书馆，1986：207.

个体认同的建构者。①

社会学视角。共同体及其思想出现在政治领域后，这一概念也逐渐被社会学家引入社会学领域，成为社会学中的一个概念，其内涵也在原有基础上有了更多的拓展。这其中，最著名的是斐迪南·滕尼斯提出的共同体以及齐格蒙特·鲍曼的共同体。斐迪南·滕尼斯把共同体看作“一种原始的或者天然状态的人的意志的完善的统一体”，人们是在传统的和自然的感情纽带的基础上结为一体的，血缘共同体、地缘共同体和宗教共同体等是其基本形式。“血缘共同体作为行为的统一体发展为和分离为地缘共同体，地缘共同体直接表现为居住在一起，而地缘共同体又发展为精神共同体，作为在相同的方向上和意义上的纯粹的相互作用和支配。”② 内部“默认一致”（内部相互之间的共同的、有约束力的思想信念）是把人作为一个整体的成员团结在一起的强大力量，最完善的共同体的“结盟”可以说是友谊，精神的共同体则是建立在共同的事业或职业或共同信仰之上的。鲍曼则认为，无论是哪种共同体，都有一个共同的特点，即一个“温馨的家”，大家都有一种“相互的、联结在一起的情感”，“它是共同体成员一堵安全的保护墙”。③

经济学视角。如果说，政治学、社会学视角中的共同体更多的是从理论上阐释和理解其概念、延伸与拓展其内涵，那么，经济学视角中的共同体则最先在实践中迈出了共同体的第一步。其中最具代表性的就是大家熟知的欧盟。欧盟是一个有共同管理机构、共同契约、共同宗旨、共同利益的集政治实体和经济实体于一体的经济共同体组织，并很快被推广开来，国与国之间、地区与地区之间为寻求共同经济利益而广泛结为经济共同体，如“东盟共同体”“非洲经济共同体”“欧亚经济共同体”等，这是一种以契约为基础、以共同经济利益为目标在经济领域被普遍建立起来的共同体。

教育学视角。在教育领域，对“共同体”探索的渊源可追溯到杜威的学校概念。杜威认为，学校教育是一种人与人交往互动的社会活动，这种社会活动可以依“学习共同体”的形式展开。此后，“共同体”一词在教育领域逐渐出现，最为人熟知的是教育共同体。目前，由于思考角度不同，对“教育共同体”有不同的理解，如学习共同体、科研共同体、教师共同体、精神共同体、利益共同体、生命共同体等，不一而足。但是无论哪类教育共同体，都是基于共同的教育目标和共同信仰，在不断培养人的教育活动中自发形成

① 韩升．生活于共同体之中——查尔斯·泰勒的政治哲学［M］．北京：中国社会科学出版社，2010：18.

② ［德］斐迪南·滕尼斯．共同体与社会［M］．林荣远译．北京：商务印书馆，1999：53.

③ ［英］齐格蒙特·鲍曼．共同体［M］．欧阳景根译．南京：江苏人民出版社，2003：5.

的有教育责任感的个体联合。

从上述可以看出，学者对“共同体”概念的界定众说纷纭、莫衷一是。但从人类历史发展的轨迹来看，人是类的存在物，共同体是人的类存在的基本方式，[①] 共同体传递着温馨、信任、安全、依赖等美好的感觉，在这里人们可以找到归属感和认同感，这些美好的感觉正是共同体内在的本质，也即是共同体公共精神的体现。[②] 公共精神是人类共同体的精神纽带，它体现了一种德行，表现为一种主观的义务心、责任感，是指对公共事务的理性认知和对己所承担的义务的敬重态度，就如康德所说的“善良意志”；在理性的指引下，民众会自觉积极地参与公共事务，公共参与是成员与共同体之间的实践纽带；在一个共同体内，由于个体与其他成员具有共同的价值取向，因此其更有可能培养和实现一种尊重和帮助他人的互助倾向，从而更积极地表现出利他的美德，而这种美德正是公共精神的体现。

人类只有一个地球，各国共处一个世界，党的十八大以来，习近平总书记积极倡导“人类命运共同体”，推动建设“人类命运共同体”是中国领导人基于对世界大势的准确把握而贡献的“中国方案”，构建“人类命运共同体”的重要理念被载入联合国多项决议。

四、越具有“共同体”特性的校企合作越走得更好：国外校企合作育人经验的借鉴

校企合作是世界许多国家进行高等教育改革与发展的一个重要趋势与路径，特别是经济发达国家和地区更是将其作为教育与产业经济结合、培养合格人才的有效途径。美国的“合作教育”模式、德国的“双元制”模式、英国的“三明治”模式、日本的“产学官合作”模式等，均是已经比较定型的校企合作育人模式，并且均越来越走向“校企合作育人共同体”，积累了许多可以为我们借鉴的典型经验。[③]

（一）充分发挥政府的主导地位和作用

由于校企合作育人既是准公益事业，又具有产业属性，不是一个简单的市场教育，具有鲜明的职业性、社会性、人民性，因此，上述发达国家均认为校企合作育人不能呈一种自发的、浅层次的、松散型的状态。要使企业合

---

① 胡群英．共同体：人的类存在的基本方式及其现代意义［J］．甘肃理论学刊，2010（1）．

② 郑琦．论公民共同体——共同体生成与政府培育作用研究［M］．北京：中国社会出版社，2011：23．

③ 尹庆民等．校企合作研究——基于应用型高校的模式及保障机制［M］．北京：知识产权出版社，2012：113－126．

作育人健康发展就必须调动企业的积极性，增加合作的稳定性。仅靠市场机制来调节是远远不够的，甚至是无法实现的，只有建立起由政府主导的校企合作教育体制、机制和制度，并按照校企合作自身的特点，才能实现校企合作的可持续发展。

一是制定系统法律法规支持和推进校企合作育人。例如，德国 1969 年《职业教育法》明确给予“双元制”校企合作模式以法律地位，规定了学校和企业双方各自的权利和义务；美国自 1906 年辛辛那提大学提出合作教育以来，不断得到了联邦政府的积极支持和引导，随后的《国防教育法》《职业教育法》《高等教育法（修订）》《职业训练协作法》《学校至职场机会法案》等不断以法律形式规定、保障校企合作各方的职责、权利和义务，如美国社区学院是美国高等教育中最大的组成部分，学院与企业合作十分密切。

二是政府建立校企合作教育的统一协调机构，搭建校企合作的平台，对校企合作过程进行监督、对合作效果进行评估，实现校企之间的对接。例如，英国 1947 年成立了“全国工商业教育咨询委员会”，1964 年设立了“企业训练委员会”；美国 1958 年就成立了专门的校企合作委员会，1963 年成立了美国全国性的校企合作教育协会；德国联邦政府设立了“产业合作委员会”，专门负责对学校和企业合作过程的监控。

（二）充分发挥行业的指导地位和作用

德国行业组织在校企合作乃至整个职业教育中发挥着重要的作用。德国法律规定，所有企业必须在本区域内的行业组织登记，参加相应的行业组织。例如，工商行业协会、手工业协会、农业协会、律师协会、医生协会等，它们是经济界的主管部门，每个行业协会都会设立一个职业教育委员会，负责制定国家法律规定以外的职业教育规章制度、管理学徒考试等。如对承担职业教育工作的企业进行教育资格和质量评估、认证，组织学徒考试和职业资格的认证工作等，密切关注产业结构调整和岗位需求变化，并及时相应调整行业教育政策，促进政府、学校和企业之间的合作，减少浪费，提高培养质量。

澳大利亚从联邦政府、州或领地政府、地方政府到学校四个层面都设有相应行业组织，参与对职业教育与培训机构的认证工作，参与职业教育与培训的决策和管理，制定职业能力标准等，发挥着重要作用。

（三）积极激励企业参与校企合作

通常以法律形式明确企业参与校企合作教育是履行企业应尽的社会责任，同时通过政策、经费等给予参与合作企业以直接利益和补偿性利益。如德国《基本法》规定国民生产总值的 1.1%、工资的 2.5% 用于职业教育，一般情况下，企业可获培训费用50%～80%的培训补助，对从事校企合作企业给予一定优惠政策（如合作费用计入生产成本、减免税收等）；美国《国防教育法》《从学校到工作机会法》等明确投入大量经费支持校企合作教育。

（四）合作成效显著

美国校企合作育人成效相当显著。例如，美国社区学院是美国高等教育中最大的组成部分，学院与企业合作十分密切。根据校企合作协议，从招生、专业设置、教学到实习等环节，一切以企业的需要为中心，培养目标为企业所需要的合格实用的专门性人才，教学均在企业的参与下进行，学生的学习与工作交替进行，促进学生自觉将所学理论运用于实践，同时，学生又在实践中时刻把握科技发展的动态，进行具体问题情境分析，提高解决问题的能力，增强社会适应性。此外，斯坦福大学也是培养硅谷创业人才的摇篮与校企合作的成功典范，美国国家科学基金会管理下的“产业/大学合作研究中心（I/UCRC）”模式是美国目前最为典型的产学研协同创新联盟模式，除国家科学基金会资助一部分外，大部分运作经费由产业部门提供。

德国的校企合作教育也非常具有代表性意义，其双元制职业教育体制已经历了两百多年的发展，为德国，尤其是为第二次世界大战后的经济建设和经济腾飞做出了不可磨灭的贡献。此外，英国职业教育的GBET（Competency－Based Education Technical）人才培养模式，实行“三明治”式的“工读交替制”，非常突出学生应用能力的培养，为学校与企业人才双向流通打开了渠道；芬兰国内校企合作广泛存在于应用型本科人才培养的全过程。芬兰多科技术学院非常重视通过校企联系将行业发展、区域发展的研发项目与教学活动联系起来，在很大程度上促进了教学方法的改进。如以项目为基础的教学、以问题为基础的教学、自主性教学等方式被广泛应用，借助互联网及多种媒介进行的教学活动也很受欢迎。

第二节　基本概念与研究现状

一、几个基本概念的界定

（一）校局合作

虽然公安院校与公安机关之间的校局合作不是什么新鲜事儿，但“校局合作”是一个比较新的名词。[①] 一般来说，“校局合作”的“校”指公安院

① 许细艳．校局合作：回顾、调整、拓展——以广东警官学院为样本分析校局合作发展内容和趋势［J］．公安教育，2013（10）．

校，“局”指公安机关，[①] 它源于校企合作，是职业教育范畴的校企合作在公安教育领域的延伸，常被视为一种办学理念。[②] 校企合作是指培养应用型专门人才的院校与用人单位建立紧密的合作关系，将学校的教学科研活动与用人单位的生产需要紧密结合，强化实践教学及科研成果转化，注重学生实践能力和“双师型”教师队伍的培养，走产学研相结合的专业人才培养道路。[③] 这一思想引进到公安教育，并结合公安院校教学、科研与警务实战部门的特点，逐步发展形成了公安教育“校局合作”的办学理念。

随着社会发展对新型公安人才的需求和公安民警招录培养体制改革的深入推进，“校局合作”已经成为公安人才培养与民警素质提高、学科专业建设与警务模式革新、科研项目开发与实践成果梳理、公安教育发展与公安实践创新互动多赢的有效载体，也是公安教育事业可持续发展的重要方向；[④]既是公安院校实施“教、学、练、战”一体化人才培养模式的一种改革实践路径；[⑤] 也指公安院校与基层公安机关紧密合作、资源共享、责任共担、互惠共赢，共同培养德才兼备，适应社会发展和满足公安实战需要的公安专门人才的教育训练模式。[⑥]

鉴于本研究主要立足于校局合作育人这一角度，因此，本研究中“校局合作”中的“校”主要指一切承担公安学历教育人才培养任务的公安院校，即不含归属各地（市）公安机关的人民警察学校（或警官培训中心/警察训练支队），“局”即公安局，在本文中泛指除上述公安院校之外的所有公安机关；“校局合作”是立足育人、面向实战、着眼未来的多层次、全方位与紧密型合作，[⑦] 以育人为根本，把服务公安实战作为应有的特色和导向，是指公安院校与公安机关通过建立完善的合作机制，切实加强公安院校与公安机关的紧密联系，将服务公安实战的需求与培育公安事业未来生力军相结合，将公安院校人才培养过程中的教学、科研活动与公安机关的人才需要和未来发展紧密结合，以培养在校学生的警务综合素质和民警的业务技能为目标，充分利用

---

① 梁慧稳．校局合作的动因分析及机制构建——基于资源依赖理论的视角［J］．黑龙江教育学院学报，2015（9）．

② 张新海．公安教育的战略抉择——兼论校局合作［J］．公安研究，2012（10）．

③ 张旭．校局合作模式研究——基于中国人民公安大学与湖州市公安局合作现状分析［J］．内蒙古教育，2015（7）．

④ 欧阳梓华．对招录培养体制改革背景下公安“校局”合作的思考［J］．公安教育，2012（3）．

⑤ 梁慧稳．校局合作的动因分析及机制构建——基于资源依赖理论的视角［J］．黑龙江教育学院学报，2015（9）．

⑥ 辛大勇，宋军．“校局合作”模式研究［J］．山东警察学院学报，2013（2）．

⑦ 马文海．新形势下校局合作模式创新研究与实践［J］．公安教育，2016（5）．

学校和公安机关不同的教育资源和环境，实现院校与公安机关共同培养适应警务实践需要的高级应用型人才的教学组织活动。

（二）共同体

作为“共同体”的英文 Community，是由拉丁文前缀“Com”（“一起”“共同”之意）和伊特鲁亚语单词“Munis”（“承担”之意）组成的。随着“Community”的经济、政治和社会意义的日益拓展，这一概念实现了多次转型。多年来，光社会学家就提出了多达数十种“共同体 ”定义，以至于一些学者认为从来就没有什么共同体理论，也没有关于什么是共同体的令人满意的定义。①

“共同体”作为一个社会学的基本概念，它表现为在自然情感一致的基础上、联系紧密的、排他的社会联系或共同生活方式。② 共同体是人类存在的基本方式，是马克思理解人类历史的一个重要概念。马克思从人类社会发展的历史维度对共同体做了科学区分，即前资本主义共同体（亚细亚共同体、古代共同体、日耳曼共同体）、资本主义市民社会共同体、人道主义共产主义共同体。③

有研究认为，从广义上来说，只要存在共同特征（或相似性）的群体，无论规模和组织方式，均可以称为共同体。鲍曼在《共同体》中就将其定义为，社会中存在的、基于主观或客观上的共同特征（包括种族、观念、地位、遭遇、任务、身份等）（或相似性）而组成的各种层次的团体、组织，既可以指小规模的社区自发组织，也可以指更高层次上的政治组织，而且还可以指国家或民族这一最高层次的总体，即民族共同体或国家共同体。既可指有形的共同体，也可指无形的共同体。共同体可以有不同的层次，小到一个具体的组织，大到一个国家，只要符合共同体的特征，均可以称为共同体。

从狭义上来说，人的共同体是指人们基于一定的目的和需要，通过一定的形式结合在一起共同活动和共同交往，并由此结成具有一定的共通性和稳定性关系的人的共在共处的组织化形式，它是人类历史存在的基本方式。④

也有研究者认为，虽然对于究竟什么是共同体，在不同的语境和话语体系下可能永远无法达成一致，但至少我们可以从共性的角度给出一个描述性的定义，就是“一个基于共同目标和自主认同、能够让成员体验到归属感的

① 张志旻．共同体的界定、内涵及其生成——共同体研究综述［J］．科学学与科学技术管理，2010（10）．

② 赵健．学习共同体——关于学习的社会文化分析［M］．华东师范大学出版社，2006：35.

③ 高石磊．马克思共同体思想意蕴研究［J］．求实，2015（6）．

④ 胡群英．共同体：人的类存在的基本方式及其现代意义［J］．甘肃理论学刊，2010（1）．

人的群体”。①

在实际的运用中，学者们对“共同体”这一概念通常进行了必要的限定。例如，布林特强调共同体的情感因素，将其定义为“具有共同生活或信念，由情感、忠诚、共同价值和个人情感关系而联系起来的一群人”；麦基辅强调共同体的利益因素，提出共同体是基于共同利益基础之上的任何共同生活的区域，如村庄、城镇、国家以及更大的区域；国内学者俞可平认为，共同体不仅是简单的一群具有共同特征的人的集合，更重要的它是一个整体，在这个整体中有着某种共同的价值、规范或目标，而且每个成员都将共同的目标当作自己的目标。②

本研究主要从教育学的角度出发，在追溯对共同体定义的历史发展基础之上，鉴于社会共同体包括一定的实体、关系和运行机制，③ 结合现阶段校局合作育人实际，将共同体界定为以公共精神为内在本质、具有相同价值取向的人们在互动的基础上，依据一定的规范而形成的一个集合体。一般为非正式团体，其成员可以从中获取身份认同与归属感，并为实现共同的目标、捍卫共同的价值观而努力。与一般组织或群体相比，它更强调成员之间的情感联系，而不是一个血缘、地域划分的概念。一个隶属于同一地域的社区居民，可以因为不与该社区发生情感联系，而不属于共同体。在内在本质上，共同体表现为成员对共同体的认同、有共同的利益，并积极参与共同体的公共事务，以及成员之间所形成的互助、信任、合作关系；在外在结构上，共同体以合作组织所能覆盖的范围来体现人员（或组织）作为共同体成员存在的程度，以共同规范保障共同体的运行机制，这两个部分分别针对现代社会个体原子化和公共生活衰落的时代问题。④

校局合作育人共同体是一个事业共同体，大家有一个共同的信念，有一个共同的追求，而且这种信念和追求在一定程度上超越了一些个人的东西，大家都是以做事、成事为目标。通过“做事”，对共同事业的认同、参与、投入而形成“我们”感，即人们常说的“我们的组织”和“我们校局合作人”，进而因目标、精神、情感的连带而形成事业共同体。它既非基于血缘或地缘

---

① 张志旻．共同体的界定、内涵及其生成——共同体研究综述［J］．科学学与科学技术管理，2010（10）．

② 郑琦．论公民共同体——共同体生成与政府培育作用研究［M］．北京：中国社会出版社，2011：21．

③ 张雅勤．从“公共性”到“行政公共性”——基于共同体视角的阐释［J］．甘肃行政学院学报，2013（4）．

④ 郑琦．论公民共同体——共同体生成与政府培育作用研究［M］．北京：中国社会出版社，2011：11．

的联系而形成的共同体，亦非仅仅因共同利益、共同信仰和情感而构成，确切地说，这一共同体恰恰体现了在中国社会学研究中常常被忽视的基于认同而形成的群体意义。这种认同是对于一项事业、一种精神和一种创造过程的认同。

（三）公安实战型人才

"公安实战型人才"，主要是指能够应对严峻公安工作挑战，可以完成公安实战任务的人才。① 它实际上就是"应用型人才"培养在公安院校教育中的具体应用。

在2014年"中国发展高层论坛"上，时任教育部副部长鲁昕强调，要学习借鉴发达国家应用技术大学和应用型高校的经验，通过试点推进、示范引领，以2000年以来新设的600多所本科高校为重点，引导部分本科高校加快转型发展步伐，更加直接地为区域发展和产业振兴服务。随着国家引导部分高校向应用型高校转型发展战略的提出和实施，结合公安教育的行业性特点，公安部提出了要培养复合、应用型的公安专门人才，主动回应了现实公安工作的社会需求，② 我国公安院校正在积极主动向应用型教育转变，进一步强化应用型发展。关于应用型高校，它本身与高校层次没有必然联系，由于行业背景不同，定位应该有所不同，也就是"应用+"的定位模式。如"应用技术型"大学、"应用技能型"大学等。由于公安实战用语习惯和实战需求等自身特点，我们常将公安高校视为"应用实战型"大学。具体而言，"应用实战型"公安高校必须是旗帜鲜明、专业对接公安行业、课程对应警察职业能力的开放式应用型大学。③ 其人才培养目标符合地方区域经济社会发展需求和公安队伍正规化、专业化、职业化建设要求，公安实践能力和创新精神齐备的高素质应用型、复合型、创新型警务人才。一般来说，公安院校毕业生，在警察队伍中具有较高的学历水平，接受了三年至四年的公安教育，应该具有较高的业务素质和职业素养，可以实现"招之即来，来之能战，战之能胜"的"实战型"公安人才的预期。

综观目前研究与实践，有关公安实战人才的论述比较多，均比较集中强调"公安实战型人才"的实战性、职业性和复合性。所谓实战性，即通过实战型人才培养模式训练培养的毕业生应具有较强的实际动手能力和警务实战基本技能，在工作岗位上应能够直接进入角色，比较快速地度过实习期或岗

---

① 李富超．新时期公安本科院校"实战型"人才培养模式的构建［J］．辽宁警专学报，2014（1）．

② 傅新斌．复合应用型公安专门人才培养的几点思考［J］．公安教育，2012（4）．

③ 瞿丰．关于公安本科高校应用型发展若干问题思考［J］．公安教育，2016（3）．

位适应期，解决在公安实践中的问题。所谓职业性，即要结合警察职业特点与实战需求，着重突出学生的口头表达、会写会记会画、现场控制、做群众工作、调查研究、分析判断和保存自己、消灭犯罪等警察职业能力培养。[①] 所谓复合性，公安实战是非常复杂多变的，进行实战型人才培养工作时，要根据可能遇到的各种公安实际工作情境，可能担负的各种职能任务和岗位需求，采取情景模拟、案例重现等方法组织联合演练，培养学生应对信息化、多样化工作背景的能力和快速处置能力。

“公安实战型”人才培养模式主要是指围绕适应当前复杂多变社会形势而建立的贴近公安一线、贴近实践而形成的教学程序及其实施的概括；“实战型”教学模式是指在公安院校教学中以提高学生实战效能为主导的，以提高学生综合分析能力综合运用多种教学模式服务。[②]它在着重强调技能教育的同时，还必须注重素质教育的培养，坚持素质教育与技能教育并重的原则。就公安院校学生而言，素质教育通常包括政治素质、法律素质、文化素质、业务素质、心理素质、科技素质及身体素质等“多位一体”，尤其是过硬的政治素质和不凡的业务素养。在知识的掌握方面要更加扎实全面，观察分析能力和独立思考问题的能力应更强，具有随机、沉着处置突发事件的能力和在不良环境中保持冷静的高度自制力，对挫折的耐受力、抵御诱惑的能力、团队精神和协同能力都要强于普通大学生。身体素质方面要具有与公安工作相适应的身体对抗能力，快速反应能力，抗疲劳和放松身心、保持健康身体的能力。正是由于公安工作对公安院校大学生在素质方面提出的更高要求，公安院校更要加快推进素质教育。

二、研究现状

（一）有关“校局合作”研究简述

鉴于有关公安类专业研究书籍和报刊出版发行的特殊性，部分研究资料尚未网络发布。截至2016年12月底，输入“校局合作”关键词，在中国知网上可搜索到论文145篇，输入“院局合作”关键词，在中国知网上可搜索到论文11篇，另可在中国人民公安大学出版社、群众出版社等查看到傅国良研究员主编的《校局合作的理论研究与实践探索》《浙江警察学院校局合作研讨论文集（2015—2016）》等一些资料，从数量上看还不够多，但研究范围已涉及校局合作理念、合作模式、合作内容、机制建设等众多领域。

---

① 魏春利. 公安院校警察教育“实战型”教学模式探析［J］. 东北师范大学硕士学位论文，2010：19.

② 齐麟. 公安院校“实战型”刑事科学技术人才培养模式研究［J］. 公安教育，2016（9）.

校局合作理念方面的研究。傅国良教授在《校局合作的理论研究与实践探索》一书中指出浙江警察学院在20世纪90年代后期就较早实施校局合作，本着“警学结合、双向参与、共赢互惠”的基本理念，开展了全方位、多层次、紧密型的校局合作。① 张新海教授在《公安教育的战略抉择——兼论校局合作》一文中从“使命、特色、质量、创新”等角度提出了校局合作的战略性意义。② 李锦奇教授在《基于可拓—协同教育的校局合作及实现模式》一文中提出了“可拓—协同”校局合作理念，拓展教育教学方式，促进公安教育教学协同，实现公安教育的优化。③

校局合作模式与机制方面的研究。这是目前有关校局合作研究内容较多的领域之一。例如，陈真教授《科学构建校局互动平台、强力推进校局互促共赢》、许细艳《校局合作：回顾、调整、拓展——以广东警官学院为样本分析校局合作发展内容和趋势》、王龙《校局合作多元模式的探索》、王守忠《公安院校校局合作机制初探》、蔡立红《校局合作多元模式的探讨》、梁慧稳《校局合作的动因分析及机制构建——基于资源依赖理论的视角》、李雪冰《校局联动运行机制实证研究》、华道金《公安高校校局合作工作机制建设探讨》、谢盛坚和李松梅《论校局合作的历史、现状制约因素及发展思路》、叶宁《借鉴英国警察学院经验构建我国校局合作新模式》、辛大勇和宋军《校局合作模式研究》、马文海《新形势下校局合作模式创新研究与实践》、张旭《校局合作模式研究——基于中国人民公安大学与湖州市公安局合作现状分析》等不少论文，既对目前校局合作研究模式现状、问题进行了分析，也对未来校局合作模式进行了构建。其中陈真教授在《科学构建校局互动平台、强力推进校局互促共赢》一文中提出了“公安部指导、省公安厅领导、学院主导、全警参与”的“校局互动”机制；④ 王守忠老师在《公安院校校局合作机制初探》中依照校局合作紧密程度不同把校局合作分成一体化、紧密型和松散型三种基本形式；许细艳教授在《校局合作：回顾、调整、拓展——以广东警官学院为样本分析校局合作发展内容和趋势》一文中将校局合作分为非学历教育时期、学历教育初期、公务员招录初期与发展等几个阶段；梁慧稳老师在《校局合作的动因分析及机制构建——基于资源依赖理论的视角》一文中从资源依赖理论视角探讨合作机制等，均很有借鉴意义。

---

① 傅国良．校局合作的理论研究与实践探索［M］．北京：中国人民公安大学出版社，2008：45.

② 张新海．公安教育的战略抉择——兼论校局合作［J］．公安研究，2012（10）.

③ 李锦奇．基于可拓—协同教育的校局合作及实现模式［J］．辽宁警察学院学报，2017（2）.

④ 陈真．科学构建校局互动平台、强力推进校局互促共赢［J］．公安教育，2014（2）.

校局合作内容方面的研究。从现有文献来看，已有研究涉及校局合作人才培养方案制订、师资队伍培养、课程资源开发、教学方法改革、技术研发攻关、实践基地建设等，特别是实践教学方面研究特别突出。例如闫继忠教授的《面向实战、突出能力、培养应用型公安人才——“校局合作、警学结合”人才培养模式的探索与实践》、乔健老师的《“案件项目”实践教学模式的探讨》、王勇鹏的《院局合作培养公安实践能力初探》、王璇的《公安高校学员实践能力培养》等，均立足校局合作，探讨学生实践能力培养。

（二）有关“共同体”研究简述

有关“共同体”的研究文献已比较丰富，截至2016年年底，输入“共同体”关键词，中国知网上出现74470条结果，并且从近十年来，研究文献增长速度加快，呈一至数千条结果数增加，说明共同体正在引起人们越来越多的研究兴趣。此外，专著除了上述滕尼斯等国外名家出版的经典著作之外，国内也已经出版韩升《生活于共同体之中：查尔斯·泰勒的政治哲学》（中国社会科学出版社2010年出版）、丁元竹《走向社会共同体：丁元竹谈社会建设》（中国友谊出版社2010年出版）、赵德尔《公共政策：共同体、工具与过程》（上海人民出版社2011年出版）、叶鉴铭等著《校企共同体：校企一体化机制创新与实践》（上海三联书店2009年出版）、郭于华《事业共同体：第三部门激励机制个案探索》（浙江人民出版社2011年出版）、邵发军《马克思的共同体思想研究》（知识产权出版社2014年出版）等，从内容来看，研究涉及共同体的界定、内涵、类型、功能、生成机制及其发展趋势等。

共同体内涵及其界定方面的研究。“共同体”作为一个社会学概念最早由滕尼斯提出，他认为共同体主要是以血缘、感情和伦理团结为纽带自然生长起来的，其基本形式包括亲属（血缘共同体）、邻里（地缘共同体）和友谊（精神共同体）。随后100多年来，经历了由自然形成的“原始共同体”到现代意义的“当代共同体”的发展历程，社会学家提出了达90多种的“共同体”定义，以至于一些学者认为从来就没有什么共同体理论，也没有关于什么是共同体的令人满意的定义。[①] 在原始意义上的共同体概念不断瓦解的同时，共同体的概念不断被嵌入新的语境中而获得重构，如政治共同体、经济共同体、科学共同体、学习共同体、知识共同体、职业共同体和人类命运共同体等越来越多地进入各种层次和类型的团体、组织、民族乃至国家和全球的事业。因此，要对当代共同体的概念进行梳理和考察，就不能脱离共同体概念所置身的语境。如从群体关系、社会组织的角度切入，认为凡是以社会

① 张志旻．共同体的界定、内涵及其生成——共同体研究综述［J］．科学学与科学技术管理，2010（10）．

学的方法建构知识的团体都可称为“学习共同体”；由具有共同范式、不同专业的科学家共同组成“科学共同体”等。①

随着现代通信技术的迅速发展，特别是互联网的广泛普及，人们无须再局限于地域束缚中，学者们开始从互动关系角度对共同体进行研究，使得共同体融入权力组织、社会网络、社会资本等多种新元素，成为具有多种功能的功能性的共同体。功能性的共同体主要强调它的功能性，它不同于在血缘基础上形成的、互助合作的地域共同体，而是一种内生于社会关系中的契约共同体。在其中，契约关系的确立，是对共同体内各成员基本权利和义务的界定，而每一个受制于这种契约关系的成员，也可以在约束规则范围内实现自主和独立。功能性的共同体使社会的基本价值观念和规范在社会成员中得以普及与传播，它强调了社会延续性的根基，类似于帕森斯（T. Parsons）所言的“社会共同体”。② 培育与发展功能性的共同体已经成为中国社会建设的内容之一，功能性的共同体为正在开展的社会管理改革与社会管理体制创新提供了新的分析视角。

共同体生成的研究。对于当代共同体生成的基础，总体而言离不开共同的目标、认同和归属感三个基本要素。③ 具体就生成路径而言，根据推动力来源的不同，大致可以分为自上而下的政府生成路径和自下而上的社会生成路径。政府生成又可划分为政府培育生成和政府控制生成两种不同的路径。对一个共同体的形成而言，它会综合受到来自政府培育、政府控制以及社会三方面的推动力。④

随着网络的快速发展，网络共同体方面的研究不断涌现，如苏州大学张雨暄的博士学位论文《虚拟共同体的生根、偏植和归正——基于社会稳定视角》、吉林大学李浩思的硕士学位论文《网络共同体的公共性建构——基于“张丽莉”事件的考察》、南京师范大学桑雷的论文《“互联网+”背景下教学共同体的演进与重构》、中国人民大学胡百精的论文《互联网与共同体的进化》等。

党的十八大以来，习近平总书记不仅在多个重要国际场合强调“命运共同体”“共同价值”，还在“中国梦”的语境中大力倡导弘扬优秀传统文化、注重家庭建设、推动生态文明建设，建构人们一直所祈盼的“精神共同体”

---

① 文学峰．试论科学共同体的非社会性［J］．自然辩证法通讯，2003（3）.

② 李慧凤，蔡旭昶．“共同体”概念的演变、应用与公民社会［J］．学术月刊，2010（6）.

③ 张志旻．共同体的界定、内涵及其生成——共同体研究综述［J］．科学学与科学技术管理，2010（10）.

④ 郑琦．论公民共同体——共同体生成与政府培育作用研究［M］．北京：中国社会出版社，2011：11.

“家庭共同体”“生命共同体”。这不仅阐明了共同体意识对当代中国发展的重要性，还深刻阐述了共同体的中国内涵。①

其他诸如校企合作、协同育人、建构主义、资源依赖理论、生态学理论等有关研究比较多，均可为本研究提供很好的参考。

第三节 研究目的与基本框架

一、研究目的

（一）尝试为当前校局合作育人困境进行一种新的阐释——共同体精神的缺席

从前面研究现状的介绍不难看出，目前有关共同体的研究比较多，有关校局合作的研究正在日趋丰富，特别是校局合作的模式、机制方面的内容显得更活跃一些，但对校局合作目前面临困境的原因探索深度不够，尚未提出很有效的对策。例如，目前的研究比较集中地认为是公安院校服务公安实战能力较弱，公安机关通过校局合作无法实现它预期的实战能力提升，导致校局合作动力不足、稳定性差，于是对策通常是较多地建议公安院校加强投入和研究，提升师资队伍水平，增强服务实战能力。但就学校实际发展来看，在相当一段时间内还很难快速提升自身服务公安机关期望的公安实战能力，那是不是就无法继续开展有效的校局合作育人行动了呢？

根据公安实战型人才培养的公益性和复杂性，社会各方有责任要跳出单纯利益合作的局限，彼此合作、积极参与、共促发展。因此，本研究想从共同体内在的公共精神出发，尝试从合作各方公共精神缺席的角度对当前校局合作育人困境进行新的探析，寻找公安机关为何不积极参与校局合作背后的深层次原因。

（二）力图为校局合作育人工作健康发展构建一种新的模式——共同体模式

目前有关校局合作育人模式的研究已经不少，通常将其划分为一体化型、紧密型、松散型等，并且校局合作越紧密效果就越好；但仔细思考就会发现其划分的标准是相对模糊的，并且越走向紧密型的校局合作就越具有合作育人共同体的特点，就越发激励笔者努力从共同体模式的角度探寻新形势下的校局合作育人。

---

① 田旭明．习近平共同体思想及其当代价值意蕴［J］．学术论坛，2016（1）．

在共同体理念的引领下，公安应用型人才培养将不再只是学校一方的事情，政府将要更好地发挥主导作用、学校和公安机关将更好地发挥主体精神，跳出利益、效率等市场准则的制约，积极合建、共享彼此的育人资源，不断主动完善相关合作育人机制，共同构建校局合作育人共同体；促进公安院校与公安机关更全面深度的合作，共同提升公安实战型人才培养质量，实现公安院校的可持续健康发展。特别是随着公安事业的迅速发展，公安工作对人才的要求不断提高，更需要政府、公安机关等在共同体精神作用下积极参与到公安院校人才培养模式的创新和质量的提升行动中来。

（三）力求为校局合作育人共同体的生成设计一种新的路径——政府培育主导

从发展历史来看，共同体的生成可以有多种不同的路径选择，而最终选择以何种形式发展下去，是由历史决定的。根据推动力来源的不同，大致又可分为自上而下的政府生成路径和自下而上的社会生成路径。前者突出政府对共同体生成的作用，后者强调公民自下而上结社的自治精神对共同体生成的影响。政府生成又可划分为政府培育生成和政府控制生成两种不同的路径，前者表现为政府使用可支配的资源和权力，帮助、扶持共同体的形成与发展；后者则表现为政府将自己的意志强加于共同体之上，从而达到政府的目标，可能会影响组织的决策和行为，以使组织不能根据自身的意愿，自主地进行决策和运作，由此推断政府控制对共同体产生的直接影响是自治性的下降。与政府控制相比，政府培育在介入过程中更重视和体现公民的实际需求与发展意愿。

鉴于我国历史发展的特殊性，共同体历来就没有遵循一些西方国家出现的自下而上的社会主导的生成路径，① 从历史发展来看，我国共同体生成中的政府依赖特征相当突出。如我国传统社会“国家共同体”中的政府依赖、新中国成立至改革开放之前“单位共同体”中的政府依赖以及改革开放之后“社区共同体”中的政府依赖等，因此，政府培育主导是现阶段校局合作育人共同体生成路径的现实选择。政府培育主导将既有利于校局合作育人共同体合法性的生成，又可以弥补共同体形成过程中的内在制度惰性和组织成本问题，也有助于共同体更好地实现公共目标。

（四）希望为校局合作育人共同体的实践提供新的参考——多元化的路径

共同的实践、对话、行为、道德标准、观点等是共同体的最突出特征之一，校局合作育人共同体的作用就在于为成员提供了一个“做”的“场”，在于“实践”。“做”即实践，“场”即历史社会情境，“场”不仅是具体的，而且也

① 郑琦．论公民共同体——共同体生成与政府培育作用研究［M］．北京：中国社会出版社，2011：56.

是时间性的，这种“做”既包括共同体成员之间的互动，也包括共同体与共同体之间的互动，还包括共同体成员与其他成员之间的互动。因此，如何搭建丰富多样的实践平台，是校局合作深入开展、共建实践育人共同体的关键。

借鉴已有研究和结合实际，笔者认为共同制订人才培养方案、共同开发课程、共同培养教师、共同实施实践教学改革、共同开展合作文化建设等都是目前校局合作育人实践可以尝试的比较常见的路径。

二、基本框架

本书研究的整体遵循“选题背景介绍”“为什么要构建校局合作育人共同体”“怎样建立校局合作育人共同体”“校局合作育人共同体如何实践”这样一种思路逐步展开，具体内容框架如下：

第一章　绪论：公安人才是一切公安工作的根本和首要问题。目前，一方面社会发展亟须大量新型公安人才，另一方面公安院校正在尝试“校局合作”育人以提高育人质量，但也正面临着出现了一系列困境与挑战。在“共同体”精神的引领下，试图从“共同体与合作”之间内在的关系，尝试对校局合作育人进行一种新的理解，为目前校局合作育人的困境与出路提供一个新的思考维度，则也成了本书研究得以产生和继续的理论根基。

第二章　共同体：校局合作培养公安实战型人才的基本理念。通过对共同体的词源学考察、历史发展及多个角度的理解，有效阐释共同体是合作的高级与理想形态。针对当前我国校局合作中的模糊化认识问题，本章从校局合作育人的服务对象——学生发展的特殊性入手，从必要性和可行性认真论证了校局合作选择“共同体”理念的适切性，并将其作为本书立论的基础，校局合作育人共同体将会充分、可持续发挥校局双方育人优势，促进育人质量。

第三章　共同体的建立：校局合作培养公安实战型人才的基础。本章主要解决怎样构建校局合作育人共同体的问题。依据共同体建立的基本要件，本章分别从生成路径、目标、组织、机制等方面探讨校局合作育人共同体的建立。首先对国情进行分析，论述我国目前建设校局合作育人共同体的基本路径——政府培育主导的恰当性与具体内容；接着从共同目标、合作组织和运行机制三大要件论述共同体的具体建立。

第四章　共同体的实践：校局合作培养公安实战型人才的路径。主要解决“校局合作育人共同体”如何开展具体实践的问题。本章通过校局合作制订人才培养方案、合作培养师资队伍、合作开发课程资源、合作开展实践教学改革和共同体文化建设等路径具体进行育人实践，回答如何真正实现资源共享、相互促进、不断深化校局合作育人等问题，共同提高人才培养质量。

第二章　共同体：校局合作培养公安实战型人才的基本理念

> 在真正的共同体的条件下，各个人在自己的联合中并通过这种联合获得自己的自由。
>
> ——马克思

第一节　共同体概述

一、共同体之内涵及其衍变

（一）共同体的最初内涵

“共同体”概念导源于亚里士多德。亚里士多德把共同体界定为达到某种共同“善”的关系组合。它对应的英文单词是“community”（对应的德文是“Gemeinschaft”），这一英文词最早可追溯为拉丁文“commmunis”，意指“普遍”“共同”，“community”意味着由某种共同的纽带联结起来的生活有机体。仅仅从字面含义上来看，我们可以把各种共同生活的群体姑且称为“共同体”，从这个意义来讲，共同体对我们来说并不是一个完全陌生的概念，在人类发展的历史长河中，不乏共同体的思想或理念，如孔子的“天下有道”、“大同”与“小康”、亚里士多德的“至高至善的社会团体”、欧文等的“乌托邦”以及马克思的“自由人的联合体”等。但“共同体”作为一个学术意义上的正式概念被探讨，是由19世纪后期的欧洲开始的。

1887年，德国社会学家滕尼斯（Ferdinad Tonnies）在其发表的《共同体与社会》（*Gemeinschaft and Gesellschaft*）一书中首次把“共同体”作为一个社会学概念提了出来，他认为“共同体”是“人的意志完善的统一体，并把它作为一种原始的或者天然的状态”,[①] 它是建立在自然基础上的、历史和思想积淀的联合体，是人们对某种共同关系的心理反应，但它不纯粹是人的简单集合，而是建立在共同意志之上，是一群人为实现共同的目标而采取的有计划的共同行动。它代表一种通过人们之间的内在结合而形成的特殊的生存方式和生活样式，表现为自愿、互助、平等、和睦共处的关系；它的所有成员在价值、信念、情感等方面都处于共享状态，彼此在互相依赖中获得安全感、确定性和归宿感。血缘共同体、地缘共同体、精神共同体等都是其典型的形式，具体表现为家庭、部落、氏族、城邦等多种共同体组织。

（二）共同体内涵的衍变

后来，涂尔干（Emile Durkheim，一译“迪尔克姆”，1858—1917）在1893年发表的《社会分工论》中使用“机械团结”来表述他的共同体思想；马克斯·韦伯（Max Weber，1864—1920）则更宽泛运用“共同体”概念，如家族共同体、邻里共同体、人种共同体等；美国芝加哥学派的代表人物帕克（R. Park）则将共同体理解为城市社区，开启了芝加哥学派关于社区邻里关系的研究，社区居民的归属感、成员的共同情感以及城市居民心理状态开始成为社区研究的重要内容；本尼迪克特·安德森在1983年出版的《想象的共同体》一书中提出了“想象的共同体”概念，指出民族是一种想象的政治共同体，强调共同体的文化与情感因素；[②] 共同体也是当代社群主义的核心概念，把国家与共同体概念相等同；[③] 马克思主义则以“关系理性”为理论原则，提出了“虚幻的共同体”与“真实的共同体”的分野，推动人们在“关系理性”的自觉引导下，不断克服抽象个人和抽象共同体的“实体主义”并追求真实的“共同体”。[④] 马克思虽从来都没有为他的共同体下一个较为准确和明细的概念界定，但他是在谈论人的自由和发展这一关乎到人的本质的维度上来讲共同体的，他指出“人的本质是人的真正的共同体”，把共同体和人的本质关联了起来。个性的实现绝不以放弃主体的普遍性维度这个进步性为代价。个性实现也绝不与主体普遍性维度相冲突，而必须以之为前提。[⑤]

随着现代通信技术的迅速发展，特别是互联网的广泛普及，人们无须再

---

① ［德］滕尼斯．共同体与社会［M］．林荣远译．商务印书馆，1999：58.

② 张巧运．民族—国家的边界、中心和关系——从《想象的共同体》看民族主义的困境和消解之道［J］．民族学刊．2016（1）.

③ 龚群．当代社群主义的共同体观念［J］．社会科学辑刊，2013（1）.

④ 贺来．“关系理性”与真实的“共同体”［J］．中国社会科学，2015（6）.

⑤ 邵发军．马克思的共同体思想研究［M］．北京：知识产权出版社，2014：68.

局限于地域束缚中，学者们开始从互动关系角度对社区进行研究，也促进了学者们对社会资本的关注；“Community”概念在实践发展过程中不断被修正，并不断地生成新的内涵。它已不再局限于“由做同样事情的人组成，任何人都习惯于服从群体的习惯，任何人的组织好的精神生活和别人的组织好的精神生活都刚好是相同”的“同质共同体”，成为一个融入权力组织、社会网络、社会资本等多种新元素、具有多种功能的“功能性共同体”，类似于帕森斯（T. Parsons）所言的“社会共同体”,① 培育与发展功能性的共同体已经成为中国社会建设的内容之一。

因此，从人类历史发展的轨迹来看，人是类的存在物，共同体是人的类存在的基本方式,② 人类的共同体经历了原始共同体、家庭共同体、古代的政治共同体、中世纪的信徒共同体、近代异化的市民共同体、民族共同体、阶级共同体、社会共同体、现代国家共同体、国际共同体和全球共同体等。如果按照马克思的看法，共同体可以划分为本源共同体、市民社会、未来共同体，而本源共同体又表现为亚细亚共同体、古典古代共同体、日耳曼共同体。而在现代，“共同体”一词被社会学家界定为“社群”、“社区”以及基于社会之中存在的、在主观上和客观上具有共同特征（这些共同特征包括种族、观念、地位、遭遇、任务、身份等）（或相似性）而组成的各种层次的团体、组织，既有有形组织，也有无形组织，既有小规模的社区自发组织，也有高级政治组织。如果把人类社会看作一个共同体的话，也可以看到共同体的演进历史，是一个从家元共同体转变为族阈共同体，而现在又正在走向合作共同体。③ 今天，人类正在经历一个全球化和后工业化的进程，人类所拥有的共同利益在不断增强，在某种意义上，可以说世界正在成为一个统一的共同体。

共同体可以有不同的层次，小到一个具体的组织，大到一个国家，只要符合共同体的特征，均可以称为共同体。与一般组织或群体相比，它更强调成员之间的情感联系，而不是一个血缘、地域划分的概念。一个隶属于同一地域的社区居民，可以因为不与该社区发生情感联系，而不属于共同体。正如齐格蒙特·鲍曼在《共同体》中所言，共同体要是一个“温馨”的场所，其中的个体要能互相依靠，是确定性和自由性对立统一的产物。在内在本质上，共同体表现为成员对共同体的认同、有共同的利益，并积极参与共同体的公共事务，以及成员之间所形成的互助、信任、合作关系；在外在结构上，共同体常以合作组织所能覆盖的范围来体现人员（或组织）作为共同体成员

① 李慧凤，蔡旭昶．“共同体”概念的演变、应用与公民社会［J］．学术月刊，2010（6）．
② 胡群英．共同体：人的类存在的基本方式及其现代意义［J］．甘肃理论学刊，2010（1）．
③ 张康之，张乾友．对共同体演进的历史考察［J］．西北大学学报，2008（4）．

存在的程度，以共同规范保障共同体的运行机制，这两个部分分别针对了现代社会个体原子化和公共生活衰落的时代问题。① 共同体是一种展现人的本质存在，恢复人类生活丰富性和多样性，达到美好幸福的生活目的的场所；是成员通过相互合作和互惠互利而形成的社会背景，是个体认同的建构者。②

二、共同体的基本特征

在当今，一方面大家对共同体的理解本身具有多样性，另一方面共同体也呈现出多种多样的形式，因此，对于共同体特性的描述也丰富多样，如公共性、共同性、共通性、稳定性和闭合性；③ 或者可以把它概括为共在性、共生性、共同性和共享性，④ 但在共同性、公共性、共生性和规范性等方面基本达成了共识。

（一）共同性

共同性指的是人们在共同体活动中凝结而成的有关共同体的各种同质的属性和关系，强调的是共同体内主体的多元性、共同体关系的同质性和不同利益的可调和性。它是共同体存在的基础和基本属性，⑤ 既表现在共同体活动过程中，如共同劳动、共同学习、共同生活、共同创造等，也表现在共同体的内部关系和内在属性上，如共同的价值和信仰、共同的目标追求、共同历史传统、共同的心理与文化特质等。“共同体是可以在其中获得相对同质的价值体系”，在共同体中，每个成员都以共同体成员的特定身份从事活动，成员只是作为共同体的一个部分发挥作用。

共同体不同于偶然聚集在一起的人群，首先它有共同的、明确的目标和指向，成员的感情和思想共同聚焦到同一个方向，为满足共同需求而结合在一起。从哲学意义上说，共同体与个体的关系也就是共同性与个性的关系，共同体属于某种实体范畴或关系范畴，共同性是共同体的基本属性，共性寓于个性之中，共同性是以个性的存在为前提，其次个体的存在和个性最大限度的实现，需要依赖共同体及其共同性为其提供必要的条件和保证，二者是协调一致的。

---

① 郑琦．论公民共同体——共同体生成与政府培育作用研究［M］．北京：中国社会出版社，2011：11.

② 韩升．生活于共同体之中——查尔斯·泰勒的政治哲学［M］．北京：中国社会科学出版社，2010：18.

③ 马俊峰．“共同体”的功能和价值取向研究［J］．石河子大学学报（哲学社会科学版），2011（2）.

④ 胡群英．共同体：人的类存在的基本方式及其现代意义［J］．甘肃理论学刊，2010（1）.

⑤ 胡群英．共同体：人的类存在的基本方式及其现代意义［J］．甘肃理论学刊，2010（1）.

共同体认同是成员与共同体之间的情感纽带。它是共同体与成员间双向互动的结果。一方面，共同体赋予一个人共同体成员的身份，意味着“这个人为整个共同体接纳，承认他对共同体的贡献，同时也承认他的个体的自主性格”；另一方面，也是我们更为关注的成员对共同体的认同，需要成员在共同体生活中逐渐培养和形成，从而建立对自己在共同体中角色、责任和义务的认知以及认为共同体是自己不可缺少的条件的意识。为此，成员对共同体的认同主要包含两层含义：一是情感层面，即成员的归属感，共同体成员对共同体的情感认同，这是共同体与成员之间最强有力的联系的基础；二是认知层面，即成员角色，成员对于自己作为一个共同体的成员所能享有的权利和所应尽的义务的了解和认可，这里的权利和义务不仅包括正式的，也包括非正式的责任和特权。

共同利益是共同体与成员之间的利益纽带。共同利益不能化约为私人利益，或者演变为私人利益的简单加总，它是独立于个人利益的一种个人作为共同体成员而拥有的利益，其关键在于个人的价值、成就与名誉，同时也是共同体内其他成员以至共同体整体的财富。虽然现代化的进程加速了人们利益的分化，一个共同体只具有一个单一利益的情况越来越少，但这并不意味着就不存在共同利益。由于利益是多元的，实现利益的方式是多样，因而自我利益与他人利益可能实现统一。这是接近于托克维尔的“恰当理解的自我利益”，即在更广泛的公共需求背景下的自我利益，“有远见的”而非“短视的”自我利益，有助于促进他人利益的自我利益。由于共同体利益的存在，在共同体内部成员与成员间、成员与共同体间是利益共荣共损的关系，以至于成员与共同体通过利益纽带紧密地联系在了一起。

人类共同体“同时也意味着一种开放的‘共同意识’。它不仅是指相对于外部而言的内部利益，相对于整体而言的部分利益，也指更加普遍和广泛意义上的连带感和相互扶助意识，以及支撑这些意识的、包含公开性的公共性”。① 简单来说，“共意”是人们之间就彼此共同关心的问题所达成的共同认识、共同观念、共同情感或共同意志等。没有人们之间一定的“共意”，人类之间发生的或有组织的共同体活动就无法进行下去。例如，夫妻双方在情感、两性需要、道德责任等方面的相互体认、相互愉悦以及相互承诺体现出来的情感共意、责任共意等是家庭共同体建立的基础。当然，当家庭发展到现代共同体阶段以后，这种共意的内容和范围更加丰富和多样，甚至可以是基于经济利益或政治利益的相互需要，彼此通过组织成家庭共同体的方式来

---

① ［日］小兵正子．近代上海的公共性与国家［M］．葛涛译．上海：上海古籍出版社，2003(5)．

实现共谋的目的，这时情感共意对于家庭共同体的意义反倒退居其次了。在社会共同体中，这种共识和共意通常以协商和契约的形式表现出来，可以说，契约是社会共同体共识共意的集中表达和存在方式。

（二）公共性

公共性是现代公民社会之公共生活的本质属性，具有开放、平等与社群的特性，通过特定共同体成员理性、自觉的交互主体性行为与结构性活动而得以存在。① 从共同体的视角来看，公共性是人类共同体演进和社会公共领域分化的结果，它所反映的是人类共同体实现内部平等交往的基本属性和未来发展的目标趋向，它集中体现在人类公共活动领域之中。② 在人类步入工业文明以后人类公共活动领域分化为“公共权力领域”和“社会公共领域”两大部分，相应地，公共性也呈现出“强制性共同体的公共性”和“非强制性共同体的公共性”两种情况。

公共参与是成员与共同体之间的实践纽带。政治学在界定共同体时非常强调成员对共同体的参与。这一渊源最早可以追溯到亚里士多德，他认为城邦是天然的共同体，而生活在其中的人是“天生的政治动物”，只有通过参与政治生活，才能实现这一本质特点。这种观点一直延续至今，沃尔泽提出“对公共事业的投入是公民美德的关键标志”；巴伯认为“不参与公共行动的公民至多是一群潜在的公民”；帕南特指出“公民共同体的公民身份首先是由积极参与公共事务来标示的”，可见公共参与的重要性。社会学也一直强调成员对共同体的公共参与。滕尼斯认为默认一致是“把人作为一个整体的成员团结在一起的特殊的社会力量和同情”，但它的出现需要“建立在相互之间密切的认识之上”，而共同体的公共生活正是成员产生密切认识的重要场域。如果成员总是不愿意参与共同体的生活，那么共同体的建构形同虚设。

作为一个反映人类共同体实现平等交往的基本概念，“公共性”具有的是描述功能，属于历史范畴；作为发展与提升社会共同体平等交往和公共利益实现状况的目标与理想，公共性又具有规范功能，属于理想范畴，因此，公共性也是一个目标，是需要在人类社会的前进过程中逐渐地显性化的一种价值；只要人类的共同体进化没有终结，或者说，只要人类社会的发展还有着进一步展开的空间，就会向我们展示出公共性增强的趋势。

（三）共生性

在生物学意义上，共生指的是不同物种相互依存，紧密生活在一起的生

---

① 袁祖社．“公共性”的价值信念及其文化理想［J］．中国人民大学学报，2007（1）．

② 张雅琴．从“公共性”到“行政公共性”——基于共同体视角的阐释［J］．甘肃行政学院学报，2013（4）．

命习性和生命现象。而在人类社会中，共生既是人的现实存在的基本方式，同时又是人类生存的本质要求。这是因为每一个个体的存在只有在与他人或群体的交往中才能获得自己的生存能力，展现个体的本质力量，并确立其生存的条件和意义。在人类早期，原始人群尚需要结伴采集和狩猎以维持生命存在的基本条件，随着劳动分工和社会化程度提高，人日益单向度化后，就更加不能离开他人的整体存在。而从人的内在生命活动来说，人的精神世界的独立性与和谐性也有赖于与他人生命活动的共在和有机联系，离开了这些，个体的人就无法获得其成长和发展的条件，甚至可能因此成为一个非正常的人。

共同体的共生性还表现在共同发展性方面。人的共同体化是个体的自我完善和自我发展的基本条件和基本形式，个体的人在一定时空和历史条件下与他人共同生活，并合理保持彼此相互依存、共同生存和发展的关系，从人的自身来说，人的个性与能力是在与他人、与整个世界共处的过程中成长和发展起来的。共生意味着共同体中所有成员都具有平等的生存与发展的基本权利和机会，同时它所提供的生存和发展的一切条件要对所有成员开放。因此，共生性决定了共同体是同质与异质的共在共生。共同体不仅要维系和发展共同体中同质体的存在，还要维系和保证异质体的存在，同时还要不断实现共同体与外界物质、能量和信息的有效交换与配置。此外，共同体本身是基于共同的目标或兴趣结合而成的，因而成员间也容易找到能够进行合作的结合点，促进彼此共同的发展。在这个意义上，未来理想的人类共同体形式——“自由人联合体”的真正实现，即意味着该共同体中所有不同要素、人的存在和发展的条件、机会和方式等呈现整体开放、相互认同和共在共生状态。在人类社会中，共生关系内在地包含了人类存在的一元性与多元性、同质性与异质性、不同生命的互利共生的统一。

与此同时，个人的自我发展和自我完善的程度如何，又在其与他人、与外部环境能否和谐共处中得到反映。正如马克思所说，人就其本质上是一种“社会存在物”，要获得人的本质，必须由与他人交往，形成一定的社会关系来体现。交往不仅使个人主体性得以形成和发展，而且也使人们的本质力量得以提升。在现实的交往中，人与人在精神上和物质上彼此创造着，一个人对于另一个人来讲，就是一个对象化和被对象化的交互对象，交往就是“人们对人们加工”，不断促进人的发展。人的真正的共同体是人的生活本身，是人的物质生活和精神生活、人的道德、人的活动、人的享受、人的本质本身，人的共同体为人的真正自由和全面发展提供现实条件和可能。

（四）规范性

为了自身的发展，为了内在的结构与秩序，共同体需要政治制度，需要法律，这是共同体成为共同体的保障。① 以政治共同体为例，在过去，共同体的权威是依靠自然，统治者只要遵从自然而建立起来的城邦就具有合法性和正当性。中世纪，共同体权威的合法性依赖上帝在地上的代理人——教皇确立。在近代，共同体权威的树立不再是来自自然理性和教皇，而是依赖人们的意志的“同意”，在当代演化为一种主体间的程序协商的民主形式。共同体权威的变化意味着共同体的政治理念在发生转变，由原来客观的“物化”转变为主体间的话语建构；由原来的政治与行政管理的统一转向政治与治理、政治与行政管理的分离，这引起当代共同体主义者的忧虑。美国的历史证明，关于共同体自身的中立是行不通的，比如，“水门事件”“伊朗门事件”等，它向人们提出警惕，共同体的成员是需要道德的约束的，如果不受道德的限制，什么事情都可能发生，这对共同体来说是灾难而不是福祉。因此，当代国家共同体应该通过一定准则和规范，培养一些训练有素的行政人员，更好地执行宪法、法律、政策和规定，使共同体有效运行，并通过一定的评估细则，督促和提高他们的行政业绩。

因为，任何个体无权任意推翻自己向他人、向公众乃至向共同体做出的决定或承诺，而且，一旦在个体共同参与的基础上达成了共识并由此建立起了共同体，那么，个体就有维护其存在的责任和义务。因此，在共同体中，通过恰当的规范或程序使得成员达成共识是至关重要的，在一定程度上来说，它是共同体存在在形式上的一种合法性要件。功能性的共同体是一种内生于社会关系中的契约共同体，在其中，契约关系的确立，是对共同体内各成员基本权利和义务的界定，而每一个受制于这种契约关系的成员，也可以在约束规则范围内实现自主和独立。② 无论是在哪一种政治共同体中，西方自由主义的、民主共和主义的，甚至是君主专制主义的，其突出的特征都体现为共同体需要就彼此利益和统治需要等进行调和，从而达成一种共意。没有共意及其实现机制，人类总体性的存在就可能陷入混乱的无效状态。人类“两种对立的意见——尽管其中之一可能是正确的——往往比只有一种错误的意见更危险。错误的意见会导致不良后果，但两种意见则要承受瓦解整体的灾难”。③ 在这一点上，正如罗尔斯与哈贝马斯等就实质的正义和程序的正义之争一样，但程序本身就是一种看得见的正义，是实现最终实质正义的保证。因此，共同体的存在如果没有一定的规范，促进利益的协调和共识的形成也

① 马俊峰．“共同体”的功能和价值取向研究［J］．石河子大学学报（哲学社会科学版），2011（2）．

② 李慧凤，蔡旭昶．“共同体”概念的演变、应用与公民社会［J］．学术月刊，2010（6）．

③ ［美］李普曼著．公众舆论［M］．阎克文译．上海：上海人民出版社，2006：175．

就无法维持。具体而言，这种规范可以表现为法律、制度、道德、伦理或善等。

如亚里士多德意义上的共同体，实质上就是一种德行共同体，其成员对共同善共同追求，德行的实践在这种追求中起着中心性、关键性的作用。共同体有着共同的计划或目的，它要给参与这个共同体的成员带来利益，这些利益是那些所有参与这一共同体的成员所共同享有的。个人的善不能与共同体的善分开来看待。这些共同体的成员通过自己的活动来增进这个共同体的利益，德行是这样一种获得性的品质，它有助于人们实现这个共同体成员的共同利益。德行的缺乏对于共同体的联结起着破坏性的作用，或至少使得共同体成员在某些时候、某些方面，既不能从事善的活动，也不能获得善。社群主义也非常强调德行对于人类共同体所起的关键性作用。①

三、共同体精神

共同体传递着温馨、信任、安全、依赖等美好的感觉，在这里人们可以找到归属感和认同感，从而使共同体成为“一个温馨的地方、一个温馨而舒适的场所”，这些美好的感觉正是共同体内在的本质，也即是共同体公共精神的体现。② 公共精神是人类共同体的精神纽带，公共精神作为人类自古就有的一种精神现象，其含义甚为庞杂，涉及人类的经济、政治、文化等所有公共领域。③ 具体而言，它主要表现为以下三个部分：

（一）主体精神

公共精神是社会成员在公共生活中对人们共同生活及其行为的准则、规范的主观认可并体现于客观行动上的遵守、执行，④ 是一种独立的主体精神。由于人的天性懒惰和怯懦，很多人往往乐于坐享已有的相对安逸、安全的境况，这种境况主要不是自己理性认知和选择的结果，而是在理性缺位的情况下所造成的“不自觉”状态，从这个意义上讲，公共精神是人类理性的公共运用，是伴随着人类被“启蒙”并获得理性而拥有完整内涵的精神形态。自启蒙时代以来的理性精神，最重要的特点和成就就是人的主体意识和个性意识的增强。本来，主体意识、个体意识与人的认识能力和价值评判能力作为体现人的本质的能力为人类所共有，古今中外概莫能外。但不是所有时代、

---

① 龚群．当代社群主义的共同体观念［J］．社会科学辑刊，2013（1）．

② 郑琦．论公民共同体——共同体生成与政府培育作用研究［M］．北京：中国社会出版社，2011：23.

③ 刘鑫森．试论公共精神的哲学意蕴［J］．广东工业大学学报（社会科学版），2012：2.

④ 潘强恩．论公共精神［N］．光明日报，2003－11－5.

所有个人都明确意识到这一点。在远古时代的初民们对着自己所不能驾驭的自然诚惶诚恐，顶礼膜拜；另外，也天真地认为自己与所居住的自然界，所隶属的共同体是一个整体，所以没有明确的独立意识，也没有强烈的自我意识与理性精神。古代和中世纪人们的精神或受制于地域、血缘和等级，或受制于传统与习惯，或受制于宗教信仰与个人权威，对人的理性与个性也没有强烈的体认。直到启蒙时代，理性的旗帜被高高举起，人的独立的地位和尊严从此才得以真正确立。

马克思指出，“有意识的生命活动把人同动物的生命直接区别开来”，①根据这一论述，可以把人的生命看成是双重的——“种生命”和“类生命”，“类生命”是有意识的生命，是人的生命本性，它的本质在于人的自觉、自主、自由，公共精神通过“类”的层面制约生活秩序、实现社会整合、缔造体制系统，为人的自由、真实和完满的存在提供了实现的前提和保证。也正是从这个层面，公共精神体现了一种德行。这种德行可以从两个方面表现出来，一是从“事”而论，公共精神表现为一种客观的义务、义理，是一种客观精神力量，有其客观的、目的论的价值；二是从“心”而论，公共精神表现为一种主观的义务心、责任感，是指对公共事务的理性认知和对己所承担的义务的敬重态度，就如康德所说的“善良意志”，它对每个成员来说是绝对的、无条件的、本身即好的，“正当的”要变成“应当的”对人就构成了“命令”，这个命令不是由别人所强加的，而是自己根据“对义务的敬重心”而给自己下的。所以，公共精神是人“类”意识的伦理表征，既是最起码的做人准则，也可表现为极高的道德境界，是成员对公共生活的主动热情融入和体验，是孕育于人类心灵深处的基本道德和秩序观念、态度和行为取向。

（二）积极参与精神

在理性的指引下，民众会自觉积极地参与公共事务。这一点，在启蒙运动初期表现得尤为明显。只要我们翻开18世纪启蒙思想家的论著，就会很快发现“公民”一词被频繁地使用。“公民”与“臣民”相比，它本身就包含有渗透、介入和参与的意思。1748年，狄德罗以人文主义的口吻写道：“我是一个好公民，凡是与社会的福利和同胞的生活有关的一切对我都有很大的兴趣。”② 公民权本身就意味着对国家事务的参与。狄德罗曾向叶卡捷琳娜二世明确提出建议，要让俄国人民更广泛地参与政治，要发展一个更大的中产阶级，要鼓励产生一个人数多得多的熟练手工业阶级，要组成“第三阶级”。这

① 马克思恩格斯全集（第42卷）［M］．北京：人民出版社，1979：96.

② ［美］西里尔·E. 布莱克．比较现代化［M］．杨豫，陈祖洲译．上海：上海译文出版社，1996：178.

种情况就如今天学界所呼吁的那样，现代化要求广泛的公众事务参与。

（三）互助合作精神

共同体内的公共精神不仅体现在成员对共同体的认同、参与之中，同时还体现在共同体内部成员间的交往过程中。共同体使成员之间的联系变得紧密，更为重要的是在交往过程中促进了成员的互助、信任与合作。

卢梭在《社会契约论》中指出，人类为了在自然界中生存，抵御大自然诸多危险和困境，只能集合起来共同协作，形成合力。于是，“我们每个人都以其自身及其全部的力量共同置于公意的最高指导之下，并且我们在共同体中接纳每一个成员作为全体之不可分割的一部分”。[①] 可以说公共精神导引着“社会契约”观念的形成和推广。

共同体具有很强的合作性，是基于共同的目标或兴趣结合而成的，因而成员之间容易找到能够进行合作的结合点。在一个共同体内，由于行为者与其他成员具有共同利益，因此他就会更加关注自己利益的增减对整个共同体利益的影响；同时，由于与其他成员具有共同的价值取向，因此他更有可能培养和实现一种尊重与帮助他人的互助倾向。与其他生活形式相比，由于共同体中的成员更深刻地体会他人的存在对自身存在具有的强大影响，他人的幸福是构成自身幸福不可或缺的部分，因而，当共同体中的成员试图成就自我时，会特别看重周围人对自身的意义，从而更积极地表现出利他的美德，而这种美德正是公共精神的体现。

此外，合作与信任在一定意义上是同构的，信任是合作的基础和前提，而合作也反过来促进信任，因而有着较高信任度的共同体，也有可能会出现成员之间的合作。实际中，共同体非常有助于加深成员之间的信任。福山将信任定义为“在一个社团之中，成员对彼此常态、诚实、合作行为的期待，基础是社团成员共同拥有的规范，以及个体隶属于那个社团的角色”。由于共同体内部成员一般有共同的意识以及成员对自身权利与义务的认知，因而与现代社会相互独立的个体相比，它的规范性更强，行动的预期性也更好，也更有可能培育和产生成员间的信任关系。加之，共同体之间存在的成员间的联系的紧密程度要大于社会，接触频度的提高会使共同体内的成员对未来再次接触的预期增加，从而减少了机会主义的行为，增加了彼此的信任。

共同体所具有的公共精神正是现代社会所缺乏的。随着商品经济的发展，人们的注意力更多地集中在私人利益的追求，而对于公共事务的关注度逐渐降低。此外，契约关系的出现，使互助、信任等道德因素作为非正式规范的

① [法] 卢梭．卢梭文集——社会契约论 [M]．李常山，何兆武译．北京：红旗出版社，1997：34.

约束力逐渐降低，人们的交往更多地体现为依据契约的交换关系，而更少地体现为基于互助、信任的合作关系。这也使得社会的人情关系淡薄、缺乏亲和力和凝聚力。与社会不同，共同体内部“亲密的、秘密的、单纯的共同生活”，使人们的联系建立在追求共同利益的基础之上，充满了丰富而浓郁的友谊、关爱与安全感，成了现代社会人们的心之所向。①

也是在这个意义上，公共精神也表现为一种作为现代社会所必需的开放、包容、妥协的精神。没有开放、包容和妥协，也即没有真正的公共精神，无以形成现代民主、理性和基于契约的“有机团结”共同体。在当代这样一个多元理性和全球交往的“世界历史”阶段，探讨、指认和培育公民之公共精神也就尤为迫切了。

第二节　共同体理念对校局合作培养公安实战型人才的启示

一、当前校局合作培养公安实战型人才的现状与困境

（一）公安院校积极开展校局合作育人实践

纵观世界各国知名大学办学的历史和经验，不难看出，他们成功的重要一条就是时刻与社会实践紧密结合，甚至站在科研和理论的制高点，指导社会实践，推动社会的发展。由于服务地方经济社会发展，服务行业需求、服务警务实战的客观要求，我国公安院校主体应该是应用型高校，公安教育是职业化特征明显的应用型教育，以培养武装性质的治安行政力量和刑事司法力量为己任，有与地方高校截然不同的本质要求，更需要学校与公安机关二者的结合。

校局合作（或院局合作）源于校企合作，② 是公安教育对职业教育“校企合作”人才培养模式的借鉴；是指以培养应用型专门人才的院校与用人单位建立紧密的合作关系，将学校的教学科研活动与用人单位的生产需要紧密结合，强化实践教学及科研成果转化，注重学生实践能力和“双师型”教师队伍的培养，走产学研相结合的专业人才培养道路。这一思想引进到公安教育，并结合公安院校教学、科研与警务实战部门的特点，形成了公安教育校局合作的办学理念。

从现有文献资料研究来看，校局合作受关注源于两方面的背景。一方面，

① 郑琦．论公民共同体——共同体生成与政府培育作用研究［M］．北京：中国社会出版社，2011：23．

② 张新海．公安教育的战略抉择——兼论校局合作［J］．公安研究，2012（10）．

我国职业教育发展迅猛，各行业院校纷纷探索学校与用人单位和业务部门的合作办学模式，"公安队伍的性质、任务和职业要求决定了公安教育的职业属性"。因此，校局合作，是公安教育对职业教育"校企合作"人才培养模式的借鉴。另一方面，在构建公安"大教育、大培训"工作体系、政法干警招录体制改革试点及其提出实施"教、学、练、战"一体化人才培养模式的改革实践中，校局合作普遍被作为实现上述改革的路径选择之一。①

一般来说，校局合作的"校"指公安院校，"局"指公安机关。校局合作是指公安类院校为谋求自身发展、实现与市场接轨、大力提高技能型人才的培养质量，有针对性地采取一系列措施，充分利用自身优势与公安机关实现资源共享、利益共赢的工作方式；②是实施"教、学、练、战"一体化人才培养模式的一种改革实践路径。③

事实上，公安院校和公安机关之间的合作由来已久，是伴随公安院校发展变化而变化的。改革开放前的公安教育主要是培训教育，基本上没有学历教育，公安培训机构（学校）与公安实践机关基本上是一体化的，④ 这种一体化体现在机构属性、人员编制、人员身份、教学保障等方面，校局之间的界限不明显，校局融为一体，同属于一条战线上，教官和学员都来自公安实践部门，彼此的流动方便，教与学其实就是研讨和交流，不存在合作障碍的问题。校局共同在实践中研究、探讨，在研究、探讨中实践，不断提高公安实践的能力和水平。

改革开放后到20世纪八九十年代，公安学历教育发展迅速并逐步占据主导地位，院校开始相对比较独立，教学与公安实践开始渐行渐远，但公安院校毕业生基本上由国家包分配，入校即入警，在体制上，公安院校也隶属公安机关，公安院校教师干部与公安机关人民警察具有同等的身份和性质，公安业务教师的实践锻炼和学生实习等常见"校局合作"育人事项依然具有较强的行政责任色彩，各级公安机关依然把"校局合作"育人视为职责所在，"校局合作"育人也比较规范和顺利。

随着国家公务员制度的不断完善，"逢进必考"的入警制度改变了公安院校学生入校即入警的培养制度，实施学历教育的公安院校向社会化发展，属

---

① 梁慧稳．校局合作的动因分析及机制构建——基于资源依赖理论的视角［J］．黑龙江教育学院学报，2015（9）．

② 王龙．校局合作多元模式的探讨［J］．湖北警官学院学报，2013（4）．

③ 梁慧稳．校局合作的动因分析及机制构建——基于资源依赖理论的视角［J］．黑龙江教育学院学报，2015（9）．

④ 谢盛坚，李松梅．论校局合作的历史、现状制约因素及发展思路［J］．政法学刊，2014（4）．

于事业单位，公安院校教师、干部属于非公务员序列的人民警察，与公安实战机关民警公务员身份不一样，表面上说公安院校实行教育部门和公安机关双重管理，但由于单位属性的改变和办学经费的来源途径变化，加之本质上公安院校与公安机关之间没有任何隶属和责任关系，二者逐步由原来的“一家人”变成了“两家人”，“校局合作”从此由具有责任功能的比较稳定的行政行为逐步转变为依靠利益关系和感情关系的不确定行为，少了责任和稳定色彩，多了利益和不确定成分。

目前，国家层面已先后出台多项举措鼓励和引导公安院校和公安机关合作培养公安人才。例如2012年3月教育部召开全面提高高等教育质量工作会议，出台了《关于全面提高高等教育质量的若干意见》（教高〔2012〕4号）（简称“三十条”），要求创新人才培养模式，探索与有关部门、科研院所、行业企业联合培养人才的新模式，坚持“需求导向、全面开放、深度融合、创新引领”原则，大力推进协同创新，强化实践育人环节，加强实验室、实习实训基地、实践教学共享平台建设，切实增强人才实践能力。2014年3月，时任教育部副部长鲁昕同志在中国教育高峰论坛上发言时就指出，国家将引导一半左右本科向应用型本科转型发展。2015年11月教育部、国家发改委、财政部印发《关于引导部分地方普通本科高校向应用型转变的指导意见》提出，各高校要主动适应和引领经济发展新常态，转变发展理念，推动转型高校把办学思路真正转到服务地方经济社会发展上来，转到产教融合、校企合作上来，转到培养应用型技术技能型人才上来。2015年2月中央印发《关于全面深化公安改革若干重大问题的框架意见》提出，到2020年基本形成系统完备、科学规范、运行有效的公安工作和公安队伍管理制度体系，实现基础信息化、警务实战化、执法规范化、队伍正规化；2015年12月，中央编办、人力资源社会保障部、公安部、教育部、财政部、国家公务员局等部门联合印发了《关于公安院校公安专业人才招录培养制度改革的意见》（人社部发〔2015〕106号），再次强调公安院校要以提高人才培养质量为核心任务，健全校局合作、协同育人机制，着力培养学生警务实战能力，优化学生知识结构，提高学生综合素质。

步入21世纪以来，为了克服人才培养和教学工作中不同程度存在的理论脱离实际的问题，在公安教育教学改革实践中，公安院校积极开展校局合作，公安部也予以积极支持与引导。例如《中共公安部委员会关于进一步加强和改进公安教育训练工作的意见》（公委通字〔2009〕17号）指出，“要贯彻落实公安民警招录培养体制改革精神，积极探索招录培养体制改革的教育教学规律和特点，建立公安院校和公安机关联合育人机制”；2011年公安部政治部下发《关于加强公安院校和训练基地建设的指导意见》（公政治〔2011〕137号），提出："要贯彻落实公安民警招录培养体制改革精神，积极探索招录培养体制改革的教育教学规律和特点，建立公安院校和公安机关联合育人机制。"2015年公安部又下发《关于实施全国公安院校与公安业务部门人员互派"双千计划"的通知》（公政治〔2015〕105号），进一步推动公安院校与公安机关人员互派交流与深度融合，提升人才培养质量和公安队伍专业技术水平。在《公安高等教育发展规划纲要（2016—2020年）》（征求意见稿）中再次要求进一步加强公安院校和公安实战部门合作，建立完善"校局联动""育用衔接"的协作共建机制，鼓励公安院校和公安机关"结对子"，充分利用公安实战资源和公安院校人才智力优势，实现双方深度合作和互助共赢。目前，为适应公安实战的需要，公安院校为了提高人才培养质量都积极与公安实战机关开展合作，[①] 已进行多个层面、多个领域、多种形式合作，互动性逐步增强，可以说初步形成了一体化型、紧密型、松散型三种合作模式，搭建了多种校局合作平台。例如，合作创新人才培养模式，[②] 在教学模式及课程设置、教学内容、教学方法、教学手段上都已开展了比较丰富的合作育人探讨；在合作联动的形式、内容、方法上不断创新，如专题调研、实地考察、课题合作、实战教学改革论证及合作立体化实践教学等[③]；此外，合作科研[④]、协同专业建设、发展规划、课程建设、师资建设、实习教学、教学评价、招生就业、研究开发等，[⑤] 一定程度上更新了公安业务教师的专业知识，增长了实践经验，对于有效把握当前警务前沿阵地的改革动态提供了便利，有效化解了办学中的一些困惑，提高了办学质量，密切了与公安机关的联系，推动了公安特色专业建设，提高了人才培养的质量，使公安学科专业的建设和发展充满了活力。同时与实战部门的多渠道、多层面合作也积累了较为丰富的经验和资料，为教学改革提供了宝贵的实证基础；[⑥] 校局合作已成为当前公安教育改革的战略性路径之一。[⑦]

（二）校局合作育人面临的新困境

就目前校局合作实践来看，各省公安院校都在积极与公安机关开展合作，

---

① 王守忠．公安院校校局合作机制初探［J］．江苏警官学院学报，2015（3）．

② 傅国良．校局合作的理论研究与实践探索［J］．公安教育，2009（1）．

③ 李洪武．校局合作模式下公安院校立体化实践教学体系的构建［J］．辽宁警察学院学报，2016（6）．

④ 林维业．公安院校与公安机关校局合作科研的思考［J］．公安教育，2015（10）．

⑤ 李锦奇．基于可拓—协同教育的校局合作及实现模式［J］．辽宁警察学院学报，2017（2）．

⑥ 李雪冰．校局联动运行机制实证研究［J］．江苏警官学院学报，2012（3）．

⑦ 梁慧稳．校局合作的动因分析及机制构建——基于资源依赖理论的视角［J］．黑龙江教育学院学报，2015（9）．

一定程度上实现了优势互补，资源共享，但校局合作尚处于自发、松散型阶段，存在思想认识不统一、目标定位不清晰、体制机制不健全、成效不明显等问题，[①] 仍面临不少困境。

一是合作动力不足。综观当前校局合作现状，总体呈现“学校热、公安机关冷”的境遇，更多地表现为公安院校对公安机关实习基地、实战教官、技能标准、教材建设、人才培养模式创新等多方面的需求，而公安机关除对学生实习、部分实战专题研发有一定需求外，对学校需求愿望不强烈，很难或较少将校局合作工作作为其工作重点或主要内容之一，缺乏合作的动力。校局学术科研合作因种种原因不尽如人意，公安院校教师长期封闭在校内上课，较少参加公安实践，教学和科研跟不上公安实践的步伐，指导公安实践能力弱；校局合作面临着“院校热而公安机关冷”的情况，“校局合作”少了责任和稳定色彩，多了利益和不确定成分。[②] 供求关系是严重失衡，公安院校带着极大的需求寻求合作，却不能满足供给方的实际需求；公安机关由于自身需求得不到满足，对公安院校的供给丧失其积极性；合作基础并不牢靠，合作驱动机制不够明确。[③]

二是合作领域有待深化。目前，各公安高校都在积极与公安机关开展合作，一定程度上实现了优势互补、资源共享。一些学校确实和公安机关合作得很好，公安机关教官进课堂授课，学生到对口公安机关实习；但不少公安院校与公安机关合作的领域还比较狭窄，合作的形式还比较单一，仍有很多资源没有被充分利用，甚至未被挖掘出来，缺乏广度和深度，合作的效益受到影响。[④] 就合作主体的参与情况来看，广大民警和教师参与度不够，普遍存在没有时间、没有精力、缺乏积极性；就合作互动形式来看，或一年召开一次合作联席会议，举行一次合作协议签字仪式，或以考察为多，且互动频度、深度均有待加强，多临时动议，缺少深入论证和谋划，到实地看看、走走，了解了一些面上的情况，较难把握到深层次的东西，显得形式大于内容、重点不突出，实现教学与实战层面的无缝对接尚存较大差距。如有的校局合作仅仅是签署几张协议，象征性地合作；或者一部分公安院校的校局合作，只是和几家公安机关的合作，而并非着眼于改革培养模式、专业课程。

合作可持续性不强。尽管公安院校以培养公安机关新生力量为目标，名

---

① 马文海．新形势下校局合作模式创新研究与实践［J］．公安教育，2016（5）．

② 谢盛坚，李松梅．论校局合作的历史、现状制约因素及发展思路［J］．政法学刊，2014（4）．

③ 蔡立红．校局合作多元模式的探讨［J］．科技资讯，2016（9）．

④ 华道金．公安高校校局合作工作机制建设探讨［J］．政法学刊，2013（4）．

义上公安院校实行公安机关和教育部门双重领导，双方合作会顾及一些“情面”，但本质上公安院校与公安机关之间没有任何隶属和责任关系，校局合作没有行政强制性，校方无权要求局方为校方的教学、科研、实践、实习等提供无偿的条件和服务，只能通过利益或感情加以实现；同样，局方也无权要求校方提供培训服务、师资科研力量、实习生等，校局合作“多处于自发、萌芽和摸索阶段，各自为战，随意性大”,① 因此，校局合作少了责任和稳定性，多了利益和不确定性成分，从而增加校局合作的困难。

二、常见原因分析

那么到底是什么原因导致了当前“校局合作”育人面临的困境？从已有研究来看，主要归结于如下两大原因：

一是公安院校服务公安机关实战能力弱。目前的研究基本上都认为校局合作是为了发挥校局双方各自优势、通过合作实现双方共赢而走到了一起。据调查，公安机关原本希望通过校局合作至少可以实现三个目的：一是借助公安院校优秀业务教师帮忙解决公安实际中的一些疑难困惑；二是师生的加入可以有效缓解基地（公安机关）的警力不足；三是为公安队伍建设提供教育训练场地和智力资源，从而从多方面增强公安实战能力。但随着校局合作的开展发现：一些地方公安院校教师科研创新能力不够强，很难为公安机关提供有效的实战指导或理论服务，一些师生动手能力不够强，虽然一时有不少人员可以同时加入到基地，但他们一时还不能迅速进入工作角色、适应工作岗位要求，本来警力就显不足的公安机关还要抽出一部分优秀民警对其进行业务指导，客观上还增添了不少工作量，不如直接申请政府招录一批辅警常年协助警务工作；同时公安机关很难抽出人员到学院培训，学院优秀业务教师也很难送教到公安实战机关开展民警业务培训，合作中公安院校服务公安机关实战的整体能力和水平极其有限，总之一句话，公安机关认为原本合作互赢的校局合作实际上成为“学校是纯获利的一方”，无法实现校局双赢，于是公安机关参与合作的动力和热情日趋减弱。

二是合作保障机制乏力。就合作机构建设机制而言，大多建立了校局合作领导小组，常由省（自治区、直辖市）公安厅（局）领导（一般是政治部主任）牵头，厅（局）政治部教育训练处与公安院校领导以及合作公安机关领导与学院院领导任副手，实际上领导小组成员往往身兼数职、事务非常繁忙，很难有精力对校局合作进行有力领导和指导，最多一年不定期召开一次

① 欧阳梓华．对招录培养体制改革背景下公安“校局”合作的思考［J］．公安教育，2012（3）．

联席会议进行工作总结和计划商讨。并且，公安实战机关人手历来非常紧张，往往很难有专人来负责校局合作工作，直接制约着校局合作目标协商、计划制订、工作落实等具体事务的开展。但就校局合作开展实践教学而言，既需要人员互派、资源利用，又需要方案制订、后勤保障等，是一项既系统又具体琐碎的工程，领导小组可以进行宏观指导，同时，校局双方必须设立专门的校局合作办事机构或研究中心，明确专人负责，制订专门的工作制度、职责、计划，开展教学组织、专项设计、课酬管理等日常的工作联络沟通，必须在细致具体上下足功夫。如经费保障方面，国家和地方各级政府尚未出台明确措施予以经费支持；人员保障方面，公安实战民警本就任务繁重，工教研矛盾非常突出，很难被抽到学校担任长期驻校教官，从事教学、训练或研究；教师和民警双向交流渠道还不够顺畅；评价反馈机制方面，尚未形成科学有效的评价机制，干好干坏影响不大，不能产生相应的激励作用等，特别是很多公安实战机关不愿选拔在单位均是骨干的优秀民警做驻校教官，优秀民警也常因未获实质性待遇反而要备课增加不少负担不想担任教官，从整体上显得机制不太顺畅。于是，“校局合作”育人大多在浅层运行，甚至不可持续，往往因双方领导变化而变化，稳定性和可持续性较差。

三、共同体理念对当前校局合作育人困境的启示

启示一：共同目标的偏离对校局合作育人的影响

共同体区别于一般组织或群体的最重要特征之一就是各要素为实现共同目标、满足共同需求而结合在一起，在某种程度上目标的设置决定了校局合作这一育人共同体的沟通方式、权威关系、权力关系以及有关资源的分配。

著名的管理学家洛克和休斯早在20世纪60年代就提出了目标设定理论，它告诉人们目标具有极大的激励作用，是激发人们去行动的动力，但若目标设置不好，则达不到激励的效果。就校局合作双方而言，双方各有优势与劣势，通过合作促进优势共享、以优补劣，从而实现共赢那当然是最好不过的事情，将共赢作为合作的共同目标自然也很具激励性。可实际合作中，为什么总是公安机关认为没有达到合作的预期的“共赢”目标而显得有点“冷”呢？

就公安院校而言，通过校局合作，至少怀有三重希望：一是通过派教师深入公安实战提高业务能力，促进师资队伍建设；二是通过实习实训提高学生动手能力，促进实践教学发展；三是借助公安机关实战资源，解决院内实践教学资源不足，并且通过一段时间的检验，也的确取得了比较理想的实效。

但就公安机关而言，如上所述，公安机关希望公安院校通过合作给予其

有效的实战服务，如技术指导、人力支持或项目攻关，但问题是公安院校是否有足够的能力？公安院校作为高校，肯定是有一定人力资源和智力资源，也是能够为公安机关提供一定服务的，但公安院校综合实力是有限的。由于办学体制的影响，姑且不说学校长期脱离公安实际导致教、研与公安实战“两张皮”现象，就技术或项目研发来说，科技创新在公安工作的应用系统大多是公安实战机关直接与腾讯、阿里巴巴、华为等大型企业、公司联合研发，学校根本无力与其抗衡；在相当长的一段时间内学校只是跟随公安实际依葫芦画瓢，研发能力有限，无力指导公安实践。当然，当前这些困境与不足也不能总是成为公安院校不能有效服务实战的理由，或者当作自己实战能力弱的托词，而是要通过校局合作不断增强服务实战的能力与水平，促进合作共赢。又如人力资源，组织师生到公安机关实习的确可以缓解公安实战一些压力，但师生实习毕竟是去学习，以培养实践能力为主，不是以办案、执法为主业，不能从根本上解决公安机关警力紧张的问题。

因此，从目前来看，短时间内校局合作是很难真正实现公安机关追求的合作目标——“共赢”，将“共赢”作为校局合作的共同目标是很难激起公安机关的积极性的。根据鼓励校局合作的初衷和合作的实际，共同育好公安实战型人才是合作最佳的共同目标，立足育人，以育人为根本，促进人的全面发展，是校局合作最根本的价值体现；① 在此基础上，公安院校也还能为公安机关提供一定的实战服务，并能通过合作提升师资队伍质量和科研水平，不断增强服务实战能力，但它是排在“校局合作”育人目标之后的次目标，不能成为校局合作的必然产物，也不能成为制约“校局合作”育人的因素或借口。

启示二：公共精神的缺失对校局合作育人的影响

如前所述，公共精神是一种积极参与公共生活、互助合作的自主精神，它不计较个人得失，为了他人的利益能够随时准备参与合作与互助行动。而这种精神正是包括校局合作双方在内的社会各主体比较欠缺的，所以才导致要有利才合作，合作就是要追求共赢，将共赢作为合作的共同目标，自然就导致若不能共赢则无法合作下去的尴尬局面。实际上，育人是一个具有公益性质的事业，需要现代公民和相关主体共同的积极参与和帮助。

现代化的力量不断加剧对传统的挑战，工业化和城市化的发展不断瓦解了传统的社会秩序和生活方式，世俗主义、理性主义和个人主义不断兴起。正如马克斯·韦伯所说“理性化是现代世界的显著特征，现代社会一味地追

① 马文海．新形势下校局合作模式创新研究与实践［J］．公安教育，2016（5）．

求生产能力和效率，以至于不惜毁坏那些曾经为人们带来生活意义和目标的传统价值和实际”。这也意味着我们的抉择范围与行为方式既不再受过去相同的集体经验的局限，也不再受源于某些特定共同体或社会所要共同遵从的信仰和文化准则的桎梏，即人们无须再“考虑他们自己要从属于哪个整体”。[①]正如福山所指出的“一代人与另一代人之间在经验和价值观上丢失了传承关系，现在每一代人仿佛都以为他们可以各行其是”。造成了共同体和公共生活的弱化，个人的欲望或利益都被简单地归结为权利，权利变成了一种自私的人们用来追逐自己个人目的而毫无顾忌周围群体的保护伞。

全球化给人们带来了更大的不确定性和不安感，削弱人际之间的信任关系，更加促进我们对别人的防范意识，也进一步促进人们的个人主义行为方式。一旦人们变得越来越独立与自主，他们就不需要参与公民的共同体活动，而且如果他们感觉到这个社会没有安全感，或得不到这个社会的保护，那么他们还有什么必要去参与公共生活呢？于是人们不愿意再参与共同体活动，而退缩到相对比较安全的家庭和亲友关系之中。我们在私生活中寻求亲密关系，很少与邻居往来，这与整个社会或公共领域的和谐融洽是不合拍的。

此外，新技术的发展（如因特网和电子邮件、微信等）既为人们带来了沟通便利，也相应减少了人们社会交往的机会和对共同体生活的直接需求，也促进了以个人为中心的行为方式。市场准则——如对效率和竞争等方面的要求——延伸到了日常生活的所有方面，使得我们的行为变得更加可以计量和附加条件：当我们在做出行动抉择时，总难免要反问自己“我能从中得到什么好处”？人际交往也变成了待价而沽的交易关系。于是，我们的朋友比以前越来越少。

工具理性的优先使得世界不断地被“祛魅”，我们工具性地看待周围的一切，所有的关系都成了一种“手段—目的”的利益权衡关系，统治人类社会的制度和机制——市场与国家，成了囚禁我们的铁笼。我们周围的创造物逐渐失去了原来其在存在之链中获得的地位和意义，日益成为我们计划的原材料和工具，技术在我们生活中的支配地位日益明显，生活进一步被狭隘化和平庸化，原有的意义深刻性和价值丰富性消失殆尽。[②] 外界的一切都成为人的手段，人们使用效率和收益的观念来审视整个世界，导致了生命意义的平庸和狭隘。世界正在经历着一种“麦当劳化”的过程，快餐店的组织原则——

① ［英］保罗·霍普著．个人主义时代之共同体重建［M］．沈毅译．杭州：浙江大学出版社，2009：27.

② 韩升．生活于共同体之中——查尔斯·泰勒的政治哲学［M］．北京：中国社会科学出版社，2010：18.

注入经营效益、市场预测和成本核算等——正在成为普遍性的准则；市场化的行为方式和实践活动几乎渗透于生活的所有方面，资本主义以及利益至上的追求，在很多情况下是潜藏在市场准则或机制背后的驱动力量，市场准则正在拓展到那些以前未曾市场化的领域，如教育和社会福利等领域。

此外，由于校局合作共同目标的偏离，导致相应合作育人机制建设也会有偏差；又没有公共精神的积极参与，也就难以不断对校局合作育人机制加以完善，导致目前合作机制总体显得不配套、不给力，极大地制约了校局合作育人工作的深入推进。前面已有相关论述，在此不再赘述。

第三节　共同体理念是校局合作培养公安实战型人才的合理选择

一、公安实战型人才培养需要校局合作育人共同体的构建

（一）合作育人的理论基础

育人是一项极其复杂的系统工程，需要多方面力量的整合与支持。改革开放以来，随着中国深度融入世界发展洪流，全球化和信息化正在深刻地影响和改变着教育理念、方法、路径等，教育环境正在发生颠覆性变化，单独依靠学校自己已越来越难以承担起培养适应社会发展需求的高质量人才，越发需要校企、校地、校校、校家、校社等多方合作才能确保育人质量。协同学认为在整个宇宙世界大环境中，虽然各个系统千差万别，但彼此间存在相互影响又相互协作的关系。资源依赖理论（Resource Dependency Theory, RDT）① 认为组织要生存就必须获得资源，而资源往往是稀缺的，组织自己通常不能全部拥有或生产生存与发展所需的资源，即没有组织是自给自足的；因此，为了生存与发展的需要，组织就必须从外部环境因素中引进、吸收、转换各种资源；② 只要一个特定部门的资源基础依赖另一个部门，这个部门就会产生合作的意愿。

合作育人的本质就是寻求高等教育自身规律与现实社会对人才需求之间矛盾的解决，简而言之，就是解决高等学校培养的人才与社会需求相适应的

① 该理论是解释组织与环境之间关系的组织理论，着重从组织的外部环境来理解组织的行为，认为“资源”是连接组织与环境的最基本元素，资源的稀缺性及其对组织的重要性是资源依赖理论发生作用的前提。美国的杰弗里·菲佛尔（Jeffrey Pfeffer）和杰勒尔德·R. 萨兰基克（Gerald R. Salan-cik）两人于1978年合著出版的《组织的外部控制：对资源依赖的分析》（*The External Control of Organizations: A Resource Dependence Perspective*）一书对这一理论做出了全面的阐释。

② 梁慧稳．校局合作的动因分析及机制构建——基于资源依赖理论的视角［J］．黑龙江教育学院学报，2015（9）．

问题。[①] 1906 年美国辛辛那提大学首次推出这样一个教育计划：一部分专业和一些项目的学生一年中必须有 1/4 的时间到与自己专业对口的公司或企业等单位去实习，以获得必要的知识。这种把课堂教学与工作实践相结合的教育方式，被称为“合作教育”。1962 年，美国成立了合作教育委员会，转年又成立了合作教育协会。1976 年国会通过的《高等教育法》独立设立了合作教育基金。在 20 世纪 80 年代，合作教育委员会开展大规模的合作教育宣传活动，扩大合作教育规模。至今已汇集了诸多著名教育理论，如合作教育学、人际关系理论、合作学习理论、建构主义学习观、协同育人论等。

（二）公安实战人才培养的职业性需要校局合作

公安院校肩负着为公安事业培养合格人才的重要使命，决定了公安院校实行公安院校与公安机关结合的必要性和紧迫性。

公安院校与公安机关结合是实现公安院校人才培养目标的需要。公安院校担负着为公安机关培养具有良好的综合素质和专业技能、能够胜任公安实际工作的应用型专门人才的历史使命。为使公安院校培养的人才能适应不断发展的社会需要，使学生的知识、素质、能力结构能适应当前公安工作的要求，必须实行公安院校与公安机关结合，坚持以公安工作需求为导向，以就业为目标，按照公安工作发展变化的规律来规划、设置专业，安排课程与教学计划，选择教学方式方法。按照公安工作就业岗位的要求来培养学生，使学生毕业即能就业。

公安院校与公安机关结合是确保公安院校人才培养质量的需要。高等职业教育以培养适应生产、建设、管理和服务第一线需要的应用型专门人才为根本任务。高等职业教育的根本任务决定了高等职业教育教学内容设计的基本原则，就是以适应社会的需要为目标，以培养技术应用能力为主线设计学生的知识、能力、素质结构和培养方案。公安高等专科院校培养的是适应基层公安工作需要的技能应用型人才，因此，必须坚持以素质为本位，以技能为特长，注重实践教学，强调实际工作技能的训练，使培养的人才具有动手能力强、毕业即能上岗的优势。实行公安院校与公安机关结合，可以为保持鲜明的专业特色提供实训基地的支撑、师资力量的支撑等，可以更好地实现专业及教学内容与职业岗位紧密结合、课堂教学与实际工作岗位的操作训练紧密结合，可以安排充分的岗位实习，使学生所学能够得到充分的练习、运用，最终达到职业岗位的要求。

（三）公安实战人才培养的公共性需要校局合作

公安院校培养公安实战型人才是为社会发展和国家安全所需，是为公共

① 赵新峰．协同育人论［M］．北京：人民出版社，2013：63.

利益服务，也是为公安机关未来培养新鲜血液，这不仅仅是学校的私事；公安机关既是公安人才的使用者和管理者，又是国家和社会的公共权力机构，相较于其他个人和组织，自然要更多地参与公安人才培养这一公共行动，积极共建校局合作育人共同体。要把为公安事业培育人才作为己任，不断提高参与度和积极性，既要参与研究和制订培养目标、学科专业建设、教学计划、教学内容和培养方式，也要参与实施教育和培养任务，帮助和引导学生认识自我、发展自我，引导学生认识社会，在实战中使学生深刻体悟对国家、社会、民族的责任。①

二、建立校局合作育人共同体具有现实可行性

（一）国家和公安教育政策的积极支持

《国务院关于大力发展职业教育的决定》《教育部关于加强高职高专教育人才培养工作的意见》《教育部关于提高高等职业教育教学质量的若干意见》《教育部等部门关于进一步加强高校实践育人工作的若干意见》等文件均明确要求，各地职业院校要大力推行校企合作、工学结合的培养模式。

公安部早在公安教育“十五”规划中就明确要求加强公安机关与公安院校联合办学，颁布了《关于公安院校教师参加公安业务实践和选聘公安机关业务骨干到公安院校任教的暂行办法》等文件，特别是近几年以来，《中共公安部委员会关于进一步加强和改进公安教育训练工作的意见》（公委通字〔2009〕17 号），《关于加强公安院校和训练基地建设的指导意见》（公政治〔2011〕137 号），中央《关于全面深化公安改革若干重大问题的框架意见》，人力资源社会保障部、公安部等多部门联合印发的《关于公安院校公安专业人才招录培养制度改革的意见》（人社部发〔2015〕106 号），《关于实施全国公安院校与公安业务部门人员互派“双千计划”的通知》（公政治〔2015〕105 号）及《公安高等教育发展规划纲要（2016—2020 年）》（征求意见稿）等，均强调公安院校要以提高人才培养质量为核心任务，健全校局合作、协同育人机制，着力培养学生警务实战能力，优化学生知识结构，提高学生综合素质；要求进一步完善“校局联动”“育用衔接”的协作共建机制，鼓励公安院校和公安机关“结对子”，充分利用公安实战资源和公安院校人才智力优势，实现双方深度合作和互助共赢。这些政策使公安院校与公安机关的合作运行有了可靠的制度保障和监督机制。

① 马文海．新形势下校局合作模式创新研究与实践［J］．公安教育，2016（5）．

（二）行业办学的优势[1]

目前，国内公安院校都属于公安机关行业办的学校，两者之间存在着行政上的隶属关系，实习基地的建设、兼职教师和实习指导教师的选聘、教师的下派锻炼、毕业实习等都是通过审批、下发正式文件等行政手段来实现的，这就为公安院校与公安机关结合人才培养模式实施提供了行政保障。公安队伍的建设是从无到有发展壮大起来的，民警的培养就是靠老带新的“传帮带”形式进行的。这一传统为专业教师的实践、学生的实习提供了数量多、质量高的天然的指导教师。

（三）校局合作的传统优势

公安院校与公安机关之间良好的人际关系是实施校局合作培养公安人才模式的先天基础，为公安院校与公安机关结合人才培养模式实施提供了有利条件。公安院校起步于公安培训教育，早期的公安教员主要来源于公安队伍，许多公安院校原本就是公安机关的有机组成部分。公安机关“一家人”，这是公安机关传统的行业观念，而且公安民警大多是公安院校毕业的，或在公安院校培训过，不仅对公安院校有着不同程度的了解，而且对公安院校及公安院校的师生有着深厚的感情，这就为公安院校与公安机关结合人才培养模式的实施提供了人际关系上的方便条件。

以上各种优势为实现公安专业人才培养与公安实际工作进行有效的对接，提供了一系列有利条件。

三、共同体理念引领校局合作培养公安实战型人才的未来

（一）有利于弘扬合作各方共同体精神，不断激发校局合作活力

人是一种社会化的动物，势必生活在各种各样的共同体中。然而，现代性的力量是强大的，随着市场经济和市民社会的发展，由血缘宗族、习俗信仰等维系的传统共同体逐渐弱化乃至解体，社会呈现出一种原子化的趋势，我们似乎无可避免地陷入一种日益碎片化、认同危机普遍存在、虚无主义大行其道的深渊之中，共同体及其所代表的其乐融融的休戚与共感慢慢变成了一种美好的记忆，情感寄托的归属感逐渐变得遥不可及，我们正在失去我们的精神家园。

但共同体表明了某种形式的互动关系，同时蕴含了在这种互动关系中的某些积极和有价值的东西。共同体概念从一开始就是描述某种特殊的群体生活：不仅意味着一群人共同生活在一起的状态，而且意味着这群人在共同生

---

① 李英娟．公安院校与公安机关结合、实现人才培养与公安工作需求对接［J］．公安教育，2008（10）．

活中形成了休戚与共的亲密关系和和谐共赢的价值皈依。

实际上，个人利益或自我的实现与共同体并不矛盾。正如托克维尔在《论美国的民主》中所指出的那样，每个人可以用“正确理解的利益”来抵制个人主义，这种自利原则教导人们除了关心自身的正当利益以外，还需要相互帮助，以及应该为共同体利益牺牲他们部分的时间和财富，因为共同的福利有助于增进他们自己的福利。① 在托克维尔看来，“正确理解的利益”的原则并不怎么高深，而是十分明确易懂；它以个人利益来对抗个人本身，对个人主义进行抵制，并在引导个人产生出的爱国心和公益心，使人习惯于结社和合作，了解自己的责任和使命。

因此，共同体以一种共享的命运感为基础，主张共同善就是我们所共享的共同行动和意义，主张恢复传统美德在社会生活中的地位以拯救当代社会的道德危机，力主通过社会成员间的团结互助、乐于奉献与和平共处来实现社会正义和平等的目标。由此可见，共同体主义是要在个人和群体之间，在权利和责任之间，在政府、市场和市民社会之间寻找一种持久的平衡；共同体是一种展现人的本质存在，是成员通过相互合作和互惠互利而达到美好幸福的生活目的的场所。②

在共同体理念的引领下，政府将要更好地发挥主导作用、学校和公安机关将更好地发挥主体精神，跳出利益、效率等市场准则的制约，摆脱“育人只是学校的事”“校局合作育人就是帮学校忙（或学校就是获利较大一方）”等观念的束缚，秉承“一起为国家和社会培养公安人才”“最终大家都是受益者”的理念，共同积极参与公安实战型人才的培养，不断激发政府、公安机关和学校等相关方的合作动力。

（二）有利于校局双方育人优势的发挥，不断提高人才培养质量

共同体的目的是共同成长，提高资源使用效率是它的核心精神，正如瑞奇·布茨曼和卢·罗格斯在其合著《我的就是你的》中所说的那样：不求拥有，但求使用，使已有物品得到最大化利用，从而减少不必要的闲置和浪费。③ 就校局双方而言，客观上均存在一定程度上的闲置资产、闲置时间、闲置技能、闲置场地、闲置设施、闲置人力等，完全可以绕开所有权，搭建资源共享平台，做实“使用权”，共享产品和服务，实现对上述闲置资源剩余价值进行再利用，从而为育人共同体节省金钱、时间、空间和资源。

① ［法］托克维尔．论美国的民主［M］．董果良译．北京：商务印书馆，1997：653.

② 韩升．生活于共同体之中——查尔斯·泰勒的政治哲学［M］．北京：中国社会科学出版社，2010：18，73.

③ 刘国华，吴博．共享经济2.0［M］．北京：企业管理出版社，2015：45.

以育人为根本，促进人的全面发展，是校局合作最根本的价值体现。校局合作是公安机关高素质人才培养、公安理论研究和公安科技创新的重要桥梁和纽带，必然会把服务警务实战作为应有的特色和导向，贯穿于教学和科研合作的各个方面，会把从警务实战需要出发、增强学生实战本领、提高公安院校服务公安实战水平作为校局合作的根本出发点。通过校局合作，使公安院校教学与实战衔接更加紧密，人才培养方案更加适应形势的发展，学科建设更加贴近实战，教材建设更加接近实际，教法更加注重现场体验，教师更加注重实战素质提高，科研更好解决实战问题，促进警院教学，将科研更好地转化为现实战斗力。通过校局合作，将促进学生的大学学习与在职民警终身学习相结合，推动学科专业设置与警务实战需求对接，课程内容与业务规范对接，教学过程与业务流程对接，充分发挥公安院校文化传承与创新功能，切实解决当下人才培养中实战能力不足的问题，着力培养学生创新精神、创造思维和创业灵感。公安机关充分利用公安院校基础理论、师资力量等优势，将实战经验上升到理论，用科学理论指导公安工作和队伍建设，不断提高维护国家安全、政治稳定、社会管控、侦查破案和网上斗争能力水平。校局合作是公安机关和公安院校为有效整合资源而结合形成的，集公安人才培养及培训、公安科学研究与技术开发应用、公安理论创新与传播、公安科研成果转化为现实公安战斗力等为一体的，进而各自产生出“1 +1 >2”的公安效益的过程。

（三）有利于完善校局合作育人机制，不断促进公安教育事业健康发展

随着公安事业的迅速发展，公安工作对人才的要求不断提高，公安院校既面临着极好的发展机遇，也面临着严峻的挑战，要适应形势发展的需要，切实提高人才培养质量，必须不断探索、创新人才培养模式。公安院校人才培养模式的创新决定着公安人才培养的规格和公安院校的发展前景，而校局合作育人共同体就是最好的模式选择与战略合作。不断完善相关合作育人机制，促进公安院校与公安机关更全面深度的合作，实现公安院校的可持续健康发展。

作为一项育人战略，随着校局合作共同体的建立与推进，国家政府的主导作用、公安行业的指导作用以及校局双方的主体作用将会得到更好的发挥，会有更多更完善的政策乃至法律支持校局合作，校局合作的机制将会日益完善，校局双方合作的主动性会更强、合作的领域将会更深更广，社会资本将得到更加充分发展，将激励更多的机关、民警和院校教师投入更多的时间、精力与资源，积极参与人才方案设计、公安实战人才质量标准制定、实战教学方法改革、实战技能综合评定、实战项目合作攻关等，不断增强育人的职

业能力，提升公安岗位胜任力，缩短与实战对接的距离，使公安高等教育与公安事业的发展融为一体，所培养的学生能充分实现服务国家、地方经济社会发展和公安实际工作的需要，得到国家和地方更积极的支持，从而激励更多更优秀的学生选择接受公安高等职业教育，促进院校培养更多优秀公安实战型人才服务实战、报效祖国，使公安高等教育步入健康、良性、可持续发展的轨道。

第三章　共同体的建立：校局合作培养公安实战型人才的基础

共同体的生成可以有多种不同的路径选择，而最终选择以何种形式发展下去，是由历史决定的。

——帕特南

第一节　生成路径的选择：政府培育主导

一、共同体之生成路径简介

（一）自然路径

自然路径观点认为：共同体的生成是基于原始的自然关系，是建立在自然基础之上的，是“一种原始的或者天然的状态”，是不可再造的。以滕尼斯为代表，他在解释共同体起源时非常强调血缘关系，其中最强有力的结合方式是母子、夫妻、兄弟姐妹这三种关系，将其视为“共同体的胚胎”，而后随着时间的推移，血缘、地缘、精神共同体作为共同体的基本形式在其内部有机地、浑然地生长，使之成为“一种持久的和真正的共同生活”。①

很显然，自然路径的观点带有强烈的作者所处的时代特征。在滕尼斯的时代，人们普遍认为在此之前的人们是以群的状态整体地存在的，而在此后个人是近代化以后公民社会的产物，因而滕尼斯笔下的共同体特指的是在现

---

① 郑琦．论公民共同体——共同体生成与政府培育作用研究［M］．北京：中国社会出版社，2011：35.

代化之前的旧共同体，它的形成所依赖的是地域共同体和精神共同体。

对于现代化之后的共同体而言，由于地域的开放性和人员的流动性，共同体联系的纽带并不再依靠相同的血缘而更多地倚重相同的文化，如风俗、传统、语言等人们在共同生活过程中形成的共有文化，这些文化既是共同生活的标志，也是共同生活的结果，在此基础之上人们形成相对独立的共同体。因而，自然路径并不适用于现阶段中国现代化生活共同体的生成路径的解释中。

（二）历史路径

历史路径的观点认为：当代共同体的发展在很大程度上是由历史决定的，共同体的形成是历史发展的结果。其中尤以托克维尔和帕特南等的观点为代表。①

托克维尔认为，美国共同体的形成扎根于历史上形成的新英格兰乡镇的自治制度。美国是一个从欧洲移民美洲的国家，具有自治的精神传统，正是这种自治秩序促进了美国的独立运动的发展，提高了人民积极参与公共事务的觉悟，并为后来被联邦宪法肯定下来的中央和地方分权的制度奠定了基础。他在《论美国的民主》中就强调美国人特别具有高昂的结社热情和强大的公共精神。“美国人不论年龄多大，不论处于什么地位，不论志趣是什么，无不时时在组成社团。……为了庆典。创办神学院，开设旅店，建立教堂，销售图书，向边远地区派遣教士，美国人都要组成一个团体。他们也用这种办法设立医院、监狱和学校。在想传播某一真理或以示范的办法感化人的时候，他们也要组织一个团体。”② 因此，在托克维尔看来，美国共同体的形成主要是历史上一定时期一定制度背景下产生的公共精神延续至今的产物。由于美国人像关心自己的事业那样关心社会的繁荣，像珍惜自己命运一样参加公共管理，体现了强烈的公共精神和结社传统，这使得他们能够自下而上地形成共同体，并积极参与共同体的自治；共同体生活中的实践又进一步强化了公民的公共精神、锻炼了他们的结社能力，形成了良性的循环，并不断发展出强大的公共精神。

帕特南同样是历史路径的支持者。他在《使民主运转起来》一书中发现意大利南北部不同地区的共同体发展水平参差不齐，北方的公民共同体的发展情况普遍要好于南方。通过历史追溯的方法，他发现1100年前后南北部地区出现了截然不同的两个政治体制，即南方的君主制和北方的共和制。“那些

---

① 郑琦．论公民共同体——共同体生成与政府培育作用研究［M］．北京：中国社会出版社，2011：37.

② ［法］托克维尔．论美国的民主［M］．董果良译．北京：商务印书馆，1997：635.

一个世纪以前人们曾积极参与社会团结和公共动员的地方，今天也恰好就是政治和社会生活具有最彻底公共精神的地方。”① 原因在于作为公民共同体本质特征（包括信任、合作、参与等）具有自我增强性和可积累性。因而，20世纪意人利南北部共同体发展水平的差异，在很大程度上是由12世纪的历史决定的。正是12世纪意大利北部有利于共同体形成的城市共和政体决定了20世纪意大利北部共同体的蓬勃发展；同样由于12世纪意大利南部的不利于共同体形成的封建专制政体导致了20世纪意大利南部较低的共同体发展水平。

当然，虽同为历史路径的支持者，帕特南与托克维尔有所不同，帕特南除了发现历史在共同体形成过程中的巨大作用外，还肯定了当代人的努力对扭转历史的作用，虽然这种影响可能是非常缓慢的。如帕特南认为，意大利南北方的改革在过去的20年使南北方都取得了进步，虽然“与北方比，南方的境况并不比1970年时更好。但是，如果没有地区改革，南方会更糟，从这个角度说，南方已经改善了许多”。② 也正是在这个意义上，我们才会产生下一个问题，即政府对共同体的作用如何？当代人的努力是如何来影响共同体的发展进程的？

二、政府对共同体生成的影响

历史路径认为，共同体的形成是历史发展的结果，但根据推动力来源的不同，大致又可以分为自上而下的政府生成路径和自下而上的社会生成路径。前者突出政府对共同体生成的作用，后者强调公民自下而上结社的自治精神对共同体生成的影响。鉴于我国历史发展的特殊性，共同体本来就没有遵循一些西方国家出现的自下而上的社会主导的生成路径，③ 本研究就主要介绍政府对共同体生成的影响。政府生成又可划分为政府培育生成和政府控制生成两种不同的路径，政府培育表现为政府使用可支配的资源和权力，帮助、扶持共同体的形成与发展；政府控制则表现为政府将自己的意志强加于共同体之上，从而达到政府的目标，可能会影响组织的决策和行为，以使组织不能根据自身的意愿，自主地进行决策和运作，由此推断政府控制对共同体产生的直接影响是自治性的下降。从介入路径来看，政府控制是先有政府需求，进而产生政府意图，形成组织框架，创建、吸纳组织，最后动员公民参与；

① ［美］帕南特．使民主运转起来［M］．王列，赖海榕译．南昌：江西人民出版社，2001：175.

② ［美］帕南特．使民主运转起来［M］．王列，赖海榕译．南昌：江西人民出版社，2001：217.

③ 郑琦．论公民共同体——共同体生成与政府培育作用研究［M］．北京：中国社会出版社，2011：49.

而政府培育的路径则刚好相反，是先有公民需求，政府培育形成组织，组织发展构成组织体系，进而形成共同体，与政府控制相比，政府培育在介入过程中更重视和体现公民的实际需求与发展意愿。由上可看出，政府对共同体的生成既有积极性作用，又有消极性影响。

（一）积极性作用

持这一观点的学者，主要是认为共同体本身具有不自足性，需要政府介入以更好地促进它的形成与发展。就好像资源依赖理论所强调的那样：没有任何组织是自给自足的，组织要生存就必须从外界获得资源，共同体的生成当然也不例外。具体来讲，对政府作用持积极态度的研究可以追溯到对于国家起源的认识。如在霍布斯看来，国家建立之前的自然状态是一个“一切人反对一切人”的战争状态，在这其中人与人之间的关系好比狼与狼的关系；出于对死亡的恐惧、对舒适生活的向往和人们本能的理性，人们将权力永久性地让渡给了一个垄断的实体——政府，从而摆脱自然状态。

同样，黑格尔也强调国家对社会领域的积极作用。在他看来公民社会领域中的各个组成部分之间不存在必然的一致性和和谐性，相反由于个体的特殊性和多元性，在公民社会内部会出现冲突，从而导致自我削弱的趋势。因而，需要一个代表更普遍利益、更高精神、绝对理由的国家来对公民社会进行安排，否则公民社会就无法实现其“文明性”。

萨拉蒙则提出了“志愿失灵”的概念，它是指个人或集体自愿的非政府组织在其志愿活动运作过程中出现种种问题，使得志愿活动无法正常进行的现象；也即认为社会组织需要政府的帮助以实现其更好地发展。在他看来，社会组织存在以下五个方面的固有缺陷：第一是慈善不足，即社会组织开展活动所需的资金与所能筹集到的资源之间有巨大的缺口；第二是慈善活动的特殊性，即慈善活动通常是服务于社会中的特殊群体，如残疾人、外来移民等；第三是慈善的家长式作风，即掌握资源的人对如何使用资源具有较大的发言权；第四是慈善的业余性，即工作人员的专业素质不强；第五是社会组织可能被环境同化，组织的官僚化倾向和组织目标的转移也在所难免，而上述缺陷正好是政府的优势所在。政府可以通过立法弥补慈善不足的问题；可以利用民主的政治程序和通过赋予公众权利来决定慈善资金的流向和服务种类的选择，平衡组织之间资源的供给和减少组织内部的家长式作风。①

近年来，不少学者在制度分析的视角下，认为共同体的形成和发展取决于其制度环境，也即社会组织的规模和活力受组织所处的政治、法律等制度

① ［美］萨拉蒙．公共服务中的伙伴——现代福利国家政策与非营利性组织之间的关系［M］．田凯译．北京：商务印书馆，2008：50.

环境的影响，同时社会组织所代表的个人的选择也受其所在的制度环境的影响。政府是最主要也是最重要的制度供给者，也正是在这一意义上，政府的培育对于共同体而言，具有极其重要的意义。具体而言，软弱低效的政府、缺乏公共资金或适当的税收激励、公共领导力低下会严重阻碍共同体的发展；压制或不当的政府控制策略不仅影响共同体的发展，更直接影响公民作为会员或志愿者组织或参与社会组织的意愿。

一些实证研究也证明了政府的介入不仅会提高社会组织的数量，而且会增强公民的公共精神，从而对共同体的形成产生积极作用。如美国社会组织的数量会增加而不是减少。此外，美国政府强制青少年参与社区社会组织的社区服务，这一政策的实施显著地提高了美国的公共参与度和公民的责任意识。在巴西也有类似的情况发生，当政府大力倡导公共参与时，当地居民的公共意识就比较强，并且社会组织的发展也比较迅速。

（二）消极性影响

持这一观点的学者，如洛克、潘恩、哈耶克等往往强调社会拥有自身的内在动力和不受外界影响的发展规律与目的，而国家对于社会只具有工具性价值，他们将共同体视为维护公民权利、抵御政府权力侵害的重要屏障，认为政府的介入会影响共同体的自治性，从而阻碍其正常形成和发展。一个越多管理自己的事务，越少由政府来管理的社会，就是越完美的社会。此外，政府的权力是要受到社会的限制和监管的，而福利国家的增长是对自由和民主的侵害，政府是对自由、民主的最大威胁；一旦政府违背了自己的信用，社会就可以恢复其行为的自由，因为政权的一切和平的起源都是基于人民的同意的。①

资源依赖理论认为，没有任何组织是自给自足的，组织要生存就必须从外界获得资源，并在与外界进行资源交换的过程中，组织对环境产生了依赖。因此，很多学者担心，政府介入社会领域会使社会组织产生对政府的依赖，进而影响其自治性。如政府机构的组织结构和运作模式会吸引社会组织去模仿和选择，政府的官僚化倾向可能会被带入社会组织中，从而使组织对政府资源需求及组织目标等方面产生一定程度的依赖，甚至蜕变成政府的一个部分。如果政府介入使政府成为组织关键性资源的唯一或者最重要提供者，那么长此以往，组织会钝化从其他渠道获取资源的能力，而对政府产生高度依赖，不利于组织的自主发展。

因此，政府对共同体生成的消极作用可能带来三种危险：（1）共同体失去

① 邓正来．自由与秩序［M］．南昌：江西教育出版社，1998：14．

独立自主性；(2) 在追求政府服务自主的过程中扭曲了自己的使命；(3) 在过度职业化的过程中变得科层化，失去了项目设计的灵活多变性。

为此，有的学者就积极倡导通过捍卫公民社会与国家的界分，来抵制国家权力对社会的渗透与侵吞。例如，约翰·基恩就通过现代公民社会理论来区分国家与非国家的边界，进而限定国家行为的法律边界，扩大自治的社会生活的领域；罗伯特·达尔则认为在所有民主国家里，一些重要的组织都是相对自治的；丹尼尔·贝尔甚至呼吁要通过复兴美国的公民社会来抵制日益扩张的国家科层制。

三、我国共同体生成路径中的政府依赖

新制度经济学在制度分析中强调历史分析，认为历史分析是制度分析框架的基石。同时，共同体研究的学者也认为历史对于共同体的形成与发展具有决定性意义，“你能到哪儿，取决于你从哪儿来，有些目的地，你从这里出发根本无法达到”。[①] 中、西方社会发展的历程存在着许多差异。由于国家的过于强大，与其他文明的传统社会相比，传统中国的共同体更为弱小。从历史发展来看，我国共同体生成中的政府依赖特征相当突出。

（一）我国传统社会“国家共同体”中的政府依赖

中华人民共和国成立之前，也即中国传统社会时期，中国一直是一个以国家为联系纽带的共同体。明末之后，一些行会的出现以及晚清、民国时期的善堂、同乡会等社会组织的出现，并没有在大范围内改变这一基本的社会结构。

我国著名学者秦晖提出，传统中国乡村社会不是和谐而内聚的小共同体，而是大共同体本位——国家共同体。这一传统早在秦统一中国后就开始逐渐建立。秦崇尚法家，法家的理论信奉中央集权，以削弱地方势力，维护国家统一。因而自秦统一之后，国家通过建立郡县制、统一地方文字、财经、度量衡等，将国家职权收于中央，并且极力压制宗法、族权，以消除旧共同体，使专制皇权能直接延伸到臣民个人而不致受到自治团体之阻隔。之后历朝历代也都承袭了这一传统。[②]

在城市，实行封闭的里制和坊制，在居民聚集区大约一平方公里的面积划为一里，设有里制组织统一管理。随着城市的不断出现和城市中平民人口的增加，出现了掌管城市治安的宫苑使，掌管郭城坊外街道治安的左右街使，

---

① ［美］帕南特．使民主运转起来［M］．王列，赖海榕译．南昌：江西人民出版社，2001：210.

② 秦晖．人民公社与传统共同体［J］．中国书评，1998（13）.

掌管坊里内居民治安的左右巡使，以及每五户相互联保的“团保”组织等多层次的社会管理网络，使国家的权力能够直接渗透到城市居民的生活中。

在乡村，政府严格限制迁徙和脱籍，同时政府对农民的户口进行调查、登记、申报，并按一定的原则进行立户、分类、划等和编制，使得农村基层组织并不是按血缘关系自然形成或农民自发组织的，而是依据官府指令组建并得到县府认可的，在性质上它们是国家权力在乡村的延伸。特别是自商鞅开始的连坐制度，包括后期的经济连带责任等，使原本最有可能形成共同体的邻里之间缺乏相互的信任与关爱，而代之以互相监督甚至敌视的关系。

随着商品经济的出现，特别是各种市场和街市的开设，宋朝以后城市中出现了以行业为联系纽带的市、行、团、作等组织。但这些新型的行业组织，大多并非是商人们为了行业的发展而自发形成的，而是政府为了便于管理而设立的，具有典型的官商结合特征，使得行会组织既成了商人为求政府保护而投靠政府的渠道，也是政府对城市商业进行有效管理的手段，并没有发展成为商人之间互利合作、共谋行业发展、抵御外部干预的共同体。

因此，在中国传统社会，由于国家权力过分强大，使旧共同体在中国缺乏形成和发展的空间与文化基础，人们所共有的是一种国家认同，即自己是皇帝子民，要遵循王法、缴纳赋税、承担徭役，社会组织、宗族组织在传统中国是不发达的。

（二）中华人民共和国成立至改革开放之前“单位共同体”中的政府依赖

中华人民共和国成立初期，社会结构发生了根本性变化，社会失去了自组织的能力，出现了一盘散沙总体性危机。为了应对这一危机，政府采取了通过政治整合来实现社会整合的策略，在农村出现了人民公社，在城市则是建立了单位共同体。

于是，单位在相当长的一段时间里，成为国家与政府在城市进行社会动员以及整合社会资源的“一种重要的、有时甚至是唯一的制度与统治手段”，在单位体制下，社会成员都隶属一定的单位，在学期间属于学校单位，工作之后属于企事业单位，退休之后不仅仍然与单位有关，还同时隶属于街道和社区。可谓从摇篮到坟墓，人们都离不开单位，单位社会的生活成为人们社会生活和社会行为的常态。①

从本质上看，单位对于共同体的形成和发展具有很多的适宜性，也即是单位具有很强的塑造共同体及其精神的功能。一则单位成员相对固定，彼此

① 李汉林，渠敬东．中国单位组织变迁过程中的失范效应［M］．上海：上海人民出版社，2005：38．

在日常工作中会发生一定联系，因而更容易熟悉起来，这就为共同体的形成创造了前提条件。二则单位成员除了正常工作外，还会经常参加工会组织或党组织活动或文体组织或兴趣组织，这些组织为共同体的形成创造了组织基础。三则单位效益与成员收益，特别是福利待遇紧密相关，这就为共同体的形成创造了共同的利益。四则在单位体制下，人们在长期的共同生产和生活中，容易逐渐形成共同的信仰、风俗和习惯，形成彼此间的信任与合作，培养共同体的公共精神。

然而，单位共同体本质上还是体现了国家对社会成员的整合与控制以及社会成员对国家的依赖与附庸，并没有为公共精神的培育以及自我结社能力的提高提供有益的观念和传统，相反它加深了人们的依赖心理。在单位共同体内，单位通过垄断资源和封闭空间，资源只在单位内部流动，离开单位，个人难以获得生存所需的各项资源，成员的主体性因而比较弱，单位对成员参与共同体具有强制性，成员选择上自由度小，具有高度依附性；单位的决策来自自上而下的国家调控，成员很难成为共同体决策的主体，相反他是被单位所领导和支配的，并逐步形成了等待和依赖单位供给的心理。

在任何依赖的社会环境中，人们只有通过服从作为代价才能换取资源，进而获得社会身份、自由和权利。在单位共同体制下，国家通过一系列制度安排垄断了绝大部分的稀缺资源和结构性空间，社会组织的发展受到了严重压制，社会秩序完全依赖于国家的控制力度，全部社会生活呈现政治化、行政化趋向，个人对政府的依赖性人格突出。

（三）改革开放之后“社区共同体”中的政府依赖

改革开放以来，随着经济政治文化等体制改革的不断深入，使非国家控制的资源急速膨胀，社会资源的流动性逐渐增强，逐步剥离了原来单位承担的社会职能（如分房、退休人员的福利等），户籍制度日渐放开，增强了人们的流动性，越来越多的社会成员从原来的单位共同体中解脱出来，使得盛行一时的单位共同体逐渐被打破，个体与单位之间的联系纽带日益松弛，社会成员的自主性大幅提升，为现代社会共同体的形成与发展提供了条件。但由于人们长期以来形成的对政府的依赖心理，加之“搭便车”问题的存在，在相当长的一段时间内，社会并没有自下而上形成新的联系纽带，使得社会成员不能被新的共同体吸纳，有学者称为“社会解体”。①

于城市而言，在单位共同体逐渐衰退的过程中，中国的城市开始出现了新的管理问题，基层政府在一个流动性日益加快的区域，越来越难以应对日

① 汪火根．社会共同体的演进及其重构［J］．重庆社会科学，2011（10）．

益繁多的管理任务和满足日益多样的服务需求。例如，原来由单位承担的退休人员养老、退伍军人安置等政治职能和社会职能被转移到了街道和社区；居民的个性化需求日渐突出，增加了公共服务的难度；多种经济成分的出现和城乡流动的加快，使无单位归属人员和外来人口剧增，增加了街道和居委会社会管理、社会服务等工作压力等。

同时，个体在单位共同体逐渐衰落的过程中，也出现了一些现代社会人们所普遍具有的精神问题。例如，安全感下降，市场机制强调竞争和优胜劣汰，个体不再拥有在单位共同体中一成不变的感觉，也没有一劳永逸的职位，需要不断地提升自我以应对源源不断的竞争；孤独感的增强，现代社会中人们将过多的精力投入工作中，致使工作中的理性交换原则成为人与人关系的重要准则，再加之对个人权利的尊重，私人领域的事情是他人无权探究和了解的，因而在现代社会中的个体是孤独的个体，个体之间的关系是原子化的交换关系，而非共享式的关爱关系；归属感的匮乏，由于社会的流动性和人们彼此间交往的短暂性，城市变成了无数个体化陌生人相遇并居住的地方，而缺乏对居于其中的成员的凝聚力和感召力，成员也缺乏对共同体的认同感和归属感。

上述问题的解决需要依靠新的共同体的构建。人只有借助于共同体，才能克服他的自然性，实现其“精神的本质”；同样社会也需要借助于共同体来实现社会的安定与和谐。但由于长期人们对政府依赖心理的存在，政府从社区撤出并不能带来社区居民自下而上的有效结合；单位共同体解体后，新的共同体迟迟没有出现，加上基层管理不完善所导致的严重后果，它不仅带来了巨大的社会破坏性，而且还挑战了政府权威，表明了人们对于新的共同体的需求日益急迫，构建一种新的共同体已经刻不容缓。因而，为了维护社会的稳定，目前政府不得不重新介入社区层面，通过社区建设，自上而下地推动新的城市社区共同体的构建，再次呈现政府依赖的历史惯性。

当然社区共同体建设中的政府介入方式与单位共同体下的政府介入方式是不同的。前者以政府培育为主导，而后者以政府控制为主导。其原因在于公民主体性的增强是一个不可逆的过程，特别是随着社会资源流动性的增强，基层政府对居民的约束力和控制力已大大减弱，因而控制的方式在现代社会并不能将居民有效整合起来，而政府培育主导有利于共同体的生成，从政府控制主导向政府培育主导的转变，也表明了在既有路径上的发展与进步。[①]

---

① 郑琦．论公民共同体——共同体生成与政府培育作用研究［M］．北京：中国社会出版社，2011：67．

四、校局合作育人共同体生成路径的选择：政府培育主导

(一) 政府培育主导有利于校局合作育人共同体的生成

1. 历史路径对校局合作育人共同体生成的影响

在中国人们缺乏结社的传统和实践，而且还形成了对政府的依赖心理，因此，政府培育主导是现阶段校局合作育人共同体生成路径的现实选择。路径依赖理论强调历史是重要的，不去追溯渐进的演化进程，就无法理解今日的选择；制度都具有自我强化的机制，一旦出现便会产生一条特定的路径，因而我国共同体的生成很难复制西方自下而上的社会主导的路径，是因为中国社会从国家共同体到单位共同体，一直缺乏结社的传统，而且还存在着对政府的依赖心理；在现阶段这种依赖心理还未完全消除，虽然今天的个体主体性日渐增长，社会资源流动性不断增强，社会空间日益开放，但这一依赖心理的历史惯性，依旧影响着现今共同体生成路径的选择，校局合作共同体的生成仍然遵循政府主导的路径。当然，随着社会的进步和改革的推进，现阶段我国的政府生成路径已经发生巨大的变化，已从单位体制下的政府控制主导路径转变为当前的政府培育主导路径，此路径的转变，不仅是政府管理方式的提升，更是共同体演化在既有路径上的超越。

2. 政府培育主导有利于校局合作育人共同体合法性的生成

共同体与制度环境发生联系的一个重要渠道就是合法性。韦伯曾经将社会秩序的合法性基础分为四种类型：传统、感情的忠诚、对绝对价值的信念和对制度符合法律的性质的承认。后来研究者将社会团体合法性的基础分为政府合法性和社会合法性两大类，前者指来自政府的认可，具体包括法律合法性（符合法律程序与规定）、政治合法性（与国家政策的一致性，即“政治上正确”）、行政合法性［基于官僚体制的程序和惯例获得的形式合法性，表现为某一级领导以某种方式（允许、同意、支持或帮助）把自己的行政合法性让渡或传递给社会组织］；后者指来自社会的认可，体现为共同体内部（社会组织成员）和共同体外部（社会组织潜在成员）的认可，主要有地方传统、当地的共同利益和共识的规则或道理三种基础。① “人们所持的信念会决定人们的选择”，在现实中，我们经常看到人们对当前社会组织的信任程度不高，组织传统不强，共同利益或共同意识也很少，从而导致社会合法性的缺失。但一旦组织借着政府（如城市街道或居委会）的名义行事，则往往会得到民众的认可，表明对于我国目前社会共同体而言，最重要的还是行政合

① 郑琦．论公民共同体——共同体生成与政府培育作用研究［M］．北京：中国社会出版社，2011：76.

法性。因此，政府通过合法性激励，将政府合法性以某种特定的方式，如“省公安厅领导”现场参与、默认校局合作共同体借用政府名义，将政府的合法性让渡或延伸至校局合作共同体，民众基于对政府的信任，从而连带信任相关的校局合作育人共同体，继而产生校局合作育人共同体的社会合法性。

这样，当校局合作育人共同体的潜在参与者不仅缺乏结社的传统和意愿，而且普遍对共同体的性质存疑，对其政治立场持消极的判断，这样的内在制度自然不利于共同体从无到有的变迁，因而，来自政府的合法性激励就可能对共同体的生成产生巨大的激励作用，政府的主导成为当下共同体生成路径的选择。

3. 政府培育可以弥补共同体形成过程中的内在制度惰性和组织成本问题

内在制度的变迁是一种分散化的试错过程，它是由成千上万个离散的细小的边际修正而最终形成的，表现为一种渐进的、连续的、非强制性的惰性。[①] 同时，在一个原子式的潜在集体中，大家的公共精神都不强，要构建一个彼此相互联系的“共同体”，谁会愿意出来承担将人们组织起来的“组织成本”呢？[②] 这些组织成本在没有“搭便车”的情况下，是在愿意为组织作贡献的成员中分担。然而，存在公共物品的地方，难免就会有“搭便车”的问题出现，[③] 除非个人主观收益非常强，其收益可抵消其成本（无论其他成员是否“搭便车”），否则试图依靠社会压力或选择性激励而减少“搭便车”使共同体生成或发展起来的可能性都比较小。[④] 因而，虽然社会共同体建立起来对其他成员或部分群体整体意义重大，但它很难给个体成员以激励，使他们承担潜在的集体行动的组织成本，尤其是物质成本的存在阻碍了推动社会共同

① 制度惰性即指从上一个制度的瓦解到下一个制度的确立，期间所等待的时间。

② 根据新制度经济学关于制度变迁的基本原则，即行为主体是否推动制度变迁的关键在于预期收益与预期成本之比，其中预期收益主要由客观收益和主观收益两部分组成，其中主观收益又可包括自我实现、为他人服务后自我的幸福感等情感方面因素；组织的预期成本又可分为沟通成本和物质成本，其中沟通成本包括动员成员参加活动、协调组织成员之间的时间、发放活动通知以及组织对外联络事宜等，主要占用的是组织成员的精力和时间；物质成本包括购买活动设备、租用活动场地、聘请专业师资等，主要涉及组织成员的物质资金。

③ 正如奥尔森在《集体的行动逻辑》中所说，“有理性的、寻求自我利益的个人不会采取行动以实现他们共同的或集团的利益”，除非存在两种情况：一是集体足够小；二是存在独立的选择性激励，否则理性的个人都会选择“搭便车”以实现自我利益的最大化。

④ 目前我国社会组织还处于发展初期，参与者数量不多，在很多组织中参与本身往往被看作是个人对组织的一种认可和支持，而不承担组织成本并不会使成员面临被开除出组织的惩罚，相反组织的组织者（也即为集体作贡献的人）还要想方设法通过激励手段诱导组织的参与者（也即不为集体作贡献的人）来参与组织活动，因而形成了反向激励机制，也即为集体作贡献的人付出辛劳而得不到激励，不为集体作贡献的人却得到了来自为集体作贡献者的激励，长此以往的结果是，大家都愿意做一个参与者（可以搭便车）而不愿做一个组织者（承担组织成本）。

体生成和发展的行动。面对这一困境，从政府获得资源性激励，从而抵消部分或全部物质成本将有利于个人建立或参与社会共同体，从而推动共同体的生成。如政府可以提供资金支持和场地支持，以部分减少共同体的物质成本。

4. 政府的培育也有助于共同体更好地实现公共目标

有研究表明[①]：在巴西由于当地公共部门的大力支持和配合，调动了地方居民的参与性和主动性，虽然他们以前并没有集体行动的经验，但最终实现了污水处理系统的正常运作；但在尼日利亚由于中央政府和地方政府政策的前后不一致挫伤了地方村民的积极性，在原本容易形成集体行动的教育领域却没有村民的积极参与；在中国台湾地区乡村村民之所以能够在当地社会组织的牵头下，共同使用和维护好灌溉系统，是因为政府在这期间承担了三种角色：(1) 宣传者，宣传灌溉系统的重要性，政府领导人定期接见社会组织负责人以表示对组织的重视；(2) 仲裁者，根据情况表彰或惩罚社会组织；(3) 资助者，对组织予以资金支持但不影响其决策。由此可见，政府培育和支持对于共同体达成公共目标的重要性。

(二) 政府主导的主要培育行为

政府培育主导是指政府通过规划和采取一系列的政策、措施等培育行为，有组织、有系统地对共同体进行扶持和帮助的过程，目的在于推动和促进共同体的形成。[②] 具体来讲，可以表现为以下三大方面行为：

1. 改变共同体所处的制度环境，激励校局合作育人共同体的建立

共同体需要制度环境的支撑，政府作为外在制度供给者，具有以下四大优势：

一是政府更具有创新的激励。因为由政府主导的制度变迁的成本并不总是由决策单位来承担，它可以分摊给社会，因而政府层次的净现值也将高于“最好的”个人或资源合伙组织的净现值。

二是在引发制度变迁的两种路径中，政府均发挥了重要作用。制度变迁的路径可以大致分为两种：诱发性变迁和强制性变迁。前者是个人或自愿合伙组织在响应新的获利机会时自发倡导，并组织实施的；后者是政府通过法律或命令的方式直接引入并实施的。政府在强制性变迁中的作用毋庸置疑，但在诱发性变迁中，往往也需要政府的行动来促进变迁过程。

三是规则明确，减少信息成本和交易成本。与内在制度相比，由政府制

① 郑琦. 论公民共同体——共同体生成与政府培育作用研究 [M]. 北京：中国社会出版社，2011：45.

② 郑琦. 论公民共同体——共同体生成与政府培育作用研究 [M]. 北京：中国社会出版社，2011：54.

定的外在制度一般表述清晰，容易辨识，并且有针对违规行为的明确的惩罚措施，以强化制度，因而它在执行时往往更为有效，也可以使人们的行为更有预见性。

四是补充供给，矫正制度供给不足。由于制度安排，特别是正式制度安排，是一种公共物品，它一旦被创造出来后，很难具有排他性，共同体内的人可以利用这一制度安排，而共同体外部的人可以模仿这种创新而降低他们组织和设计新制度的成本。在这种情况下，就会出现“搭便车”的问题。由于社会成员无论是否承担了制度创新的成本，都可以得到同样的服务，最终会导致一个社会中的制度安排的创新少于社会最优。政府作为制度的供给者，可以补救和矫正制度供给的不足。

一方面，政府是旧制度瓦解的主体，政府的权力必须依靠政府的权力来消除；另一方面，一个保护性政府可以在培育和支持内在制度上做出巨大贡献，通过外在制度正确引导个人激励，那么它在共同体的生成过程中也能起到关键性的作用。

共同体对政府存在多重依赖关系，如资金、组织体系、官方媒体、登记注册、活动许可、政府领导人资源、组织决策的机会与权利等，表现出复杂性和多元性。[①] 但其中最根本的是政策法规的依赖。如同社会团体要获得生存的空间，必须依赖于政策法律关于社会团体地位与活动范围的界定一样，如果没有相关界定，校局合作共同体便失去了合法性的基础。

目前，教育部、公安部等都已陆续出台鼓励校局合作育人政策，尽管这些政策本身还有待进一步完善，但校局合作育人共同体的生存发展已经获得了基本的制度保障。但是，未来的校局合作育人共同体的发展，依然需要依赖相应政策法规的完善，如果没有这种完善，校局合作育人共同体的发展将遇到很大的制度瓶颈，很难实现预期的目标。

如目前公安机关任务繁重、人手紧张，很难有效顾及校局合作育人共同体建设工作，在实践中普遍存在学校对校局合作意愿强烈，但公安机关参与度不够的情况；为使校局合作育人共同体建设能够深入推进，并取得实效，政府可以出面制定相关政策，明确校局双方育人责任，激励双方合作育人。若因各地发展实际的复杂性，从国家层面制定统一政策有难度，至少可在省（自治区、直辖市）公安厅（局）的统筹协调下，制定公安院校与公安机关合作培养公安应用型人才的政策法规，明确公安机关在校局合作中的职责任务，也可以考虑将公安机关参与校局合作，并在校局合作中发挥作用情况作

① 汪锦军．浙江政府与民间组织的互动机制：资源依赖理论的分析［J］．浙江社会科学，2008（9）．

为一项加分指标纳入对所属公安机关考核评价体系之中；或者如目前国内一些省属公安高校主要负责人进省厅党委班子，增强学校领导力量，提高学校在校局合作育人共同体建设中的话语权和主动权；多管齐下，竭力调动公安机关参与校局合作的积极性。

2. 调整政府可支配资源，以期有利于校局合作育人共同体自主形成与发展

政府可通过资源性激励促进校局合作育人共同体的发展。政府可支配的资源主要包括权力资源（权力）、财力资源（财力）、人力资源（人力）、文化资源（文化力）、权威资源（公信力）、信息资源（信息力）和制度资源（结构力）等。美国学者通常将资金支持、政府的政治特征、州的税率等作为政府培育社会组织方面的关键性因素，其中关注度最高的是政府的资金支持，如政府拨款、项目服务收入等。

政府对社会共同体的资金支持，主要有委托项目拨款、官办基金拨付、政府政策性拨款、奖励等类型。

委托项目拨款，是指政府为实现某个特定的公共服务目标，向特定组织的任务拨款。比如，某省公安厅给某校局合作单位拨款2000万元，用于特定的公安实战技能训练场馆建设，但是这种项目拨款并不是每个校局共同体都能享有。实际上，在西方，这种项目拨款就是政府面向社会共同体购买服务。政府出钱，社会共同体按政府的要求提供相应服务。目前政府面向校局合作共同体购买服务依然是非常零星的，甚至很多政府的拨款也带有很大的随意性。

官办基金拨付。也可成为政府支持校局合作育人共同体建设的常见资金手段。即可以不由政府部门直接拨款，而是由政府的基金来拨付。如校局合作育人实习（实践）基地，其经费来源可以尝试从学校校友会基金或其他公安行业专门基金中部分支出，由于这些基金会带有很浓的官办基金色彩，其拨款既是代表政府支持又可保持相对稳定，有利于共同体的培育与发展。

政府政策性拨款。即政府为实现特定的公共政策目标，每年根据政策任务和重点向相应的校局合作育人共同体拨款。这种拨款与项目拨款的区别，在于政策性拨款比项目拨款更稳定，不需要每年变动。

奖励。政府也可对校局合作育人的活动和服务进行奖励，以推进校局合作育人的公共服务能力。比如，一些省公安厅代表地方政府对本地表现优秀的校局合作育人基地进行奖励，从而显示政府扶持校局合作育人共同体建设的决心。

此外，政府也可通过人力、组织、场地、设施等多方面资源进行激励。

3. 培育公共精神

公共精神是共同体精神的内在本质，加强公共精神的培育有利于校局合作育人共同体的生成。公共精神是孕育于公共社会之中的位于最深的基本道德和政治价值层面的以公民和社会为依归的价值取向，它包含民主、平等、自由、秩序、公共利益和负责任等一系列最基本的价值命题；它是社会主义核心价值观的重要特征，旨在超越个人狭隘眼界和个人私利。在社会生活中培育公共性，属于社会软件建设，远没有像追求 GDP 的增长、搞工业开发园区、修地铁那样可以立竿见影，它在根本上涉及了思想观念、社会价值等文化建设的问题，需要依赖政府的力量来推动。

虽然中国人由古至今一直强调公、群、公共精神、社会意识和集体主义等概念，但由于中国人的家国观念深入根植，中国人在本质上最是缺少公共意识。中国传统社会不是公民社会，而是典型的私民社会。在私民社会中，血缘与地缘合二为一，宗法关系是私民社会发展的基础，即费孝通笔下的“差序格局”，本质上以“己”为中心，公和私是相对而言的，“站在任何一圈里，向内看也可以说是公的”。① 由此形成的关系本位、人情本位、熟人本位和圈子本位极大地抑制了公共精神的发展。此外，家国同构的宗法制度渗透进中国传统社会整体，缺少公共生活的有效载体，人与人之间及个人与社会整体之间只有血缘和宗法的既定关系，没有契约关系，更不会有以契约为核心的法律体系，缺乏相互关心、相互尊重及平等对待的公民关系，均不利于公共精神的成长。

随着改革开放的加快和推进，传统的道德范式日趋瓦解，公民的主体性日渐增强，人际交往不断外扩，社会分化不断加深，血缘关系和地缘关系被业缘关系所代替，我们看到了公共精神发育的苗头。② 但与此同时，来自传统文化、现代主义文化、西方资本主义文化以及非主流文化等多种文化的大交汇给中国公民公共精神建设产生了巨大的冲击。如工具主义和利己主义对中国社会团结机制的影响和消解，公民参与意识和责任意识薄弱，极端的个人主义，以自由之名助长个人的极端自私等，由此，身处全球化互联互通的时代，多种文明形态的交织而形成的多元文化无疑是对主流文化的整合与公共精神的引领构成一个不可忽视的制约因素。

因此，培育公共价值观以引导公民人性的完善并非一朝一夕，需要政府扮演“元治理”的角色，把公共精神付诸实践转化为公民的日常价值观，长期进行潜移默化的影响。党的十八大提出了社会主义核心价值观，突出“公

---

① 费孝通．乡土中国［M］．北京：生活·读书·新知三联书店，1985：23－28.

② 汪仲启．培育公共精神是社会建设的首要任务［N］．社会科学报，2014－7－10（003）.

德”培养；党的十八届三中全会又提出推进国家治理体系和治理能力现代化，拓宽公共领域和公民参与途径，对建构和驾驭社会合作新机制的能力提出了高要求。在现实社会中，“公共性”培育是一个自我循环（即社会生产和再生产）的过程，也是一个社会集体心理和情感塑造的过程，其增长在很大程度上是通过其自身得以完成的。因此，要在复杂多变的当今社会培育公共性，着力要为其自我生长创造一些基本条件，如加快社会体制改革，促进新时期社会认同，完善公共精神的养成机制。从社会层面看，认同是确定群体的符号边界、实现群体向心力的生产和再生产、确立群体内向的合法性的必要条件；社会认同需要社会的一些基础性条件的支撑，如社会福利系统、社会意义系统和社会组织方式，当它们之间在结构和功能上形成相互协调、相互强化的匹配关系时，其支撑社会认同的作用就会越大。

第二节　共同体建立的要件：目标、组织和机制

一、共同目标的确定

（一）共同的目标：共同体建立的前提与基础

当今，“共同体”概念在各种语境与话语体系中众说纷纭，但从共性的角度，我们可以将“共同体”定义为“一个基于目标共同、价值认同、利益共赢的特殊群体、组织或团队”。① 共同体实质上是一个协作系统，而真正的协作是在人们追求共同目标的过程中产生的，因此，共同体区别于一般组织或群体的最重要特征之一就是各要素为实现共同目标、满足共同需求而结合在一起，在某种程度上目标的设置决定了校局合作育人共同体的沟通方式、权威关系、权力关系以及有关资源的分配；共同体首先要有一个共同的目标，共同目标是校局合作育人共同体建立的前提与基础。

目标通常是指个体和组织期望经过一定的努力而达到的结果（或产出）。从组织行为学的角度来看，目标是组织设计的基础，它在某种程度上决定了组织的沟通方式、权威关系、权力关系以及劳动力分配。恰当目标的设置可以把个体、团队、部门和组织所期望达到的结果具体化，从而提高其活动的效率和效用，具有重要意义。

目标可以引导并指向行为。通过把努力和注意力集中到特定的方向，可以提高任务的明确性，减少日常决策的不确定性；也可以提供挑战和对个体、

① 朱华．实践育人共同体的构建与实践探索［J］．学校党建与思想教育，2016（11）．

团队、部门和组织的业绩进行评价的标准；还可以根据目标对各项任务的完成情况以及资源利用情况进行公证而合理的评估。

目标具有组织功能。目标所反映的都是员工和管理者认为很重要的事情，因此，它可以提供一个对活动进行计划和控制的框架。①

目标可能是含蓄的或明确的、模糊的或清晰的、自我强加的或外部强加的，无论何种形式的目标，都有助于个体对其时间和努力做出合理的安排。其中，目标的两个关键特征尤其重要：

（1）目标难度。目标应当具有挑战性，又能够达到。如果目标太容易，个体可能会推迟实现目标或懒洋洋地接近目标；如果目标太难，个体可能不会接受这个目标，这样他也就不会尽力去实现它。

（2）目标清晰度。要使目标能引导个体的努力，它必须清晰而具体，这样个体就知道他要干什么，而用不着去猜。

明确而具有挑战性的目标比模糊或总体性的目标能导致更高的绩效水平。有了清晰而具有挑战性的目标后，员工更可能把他们的注意力集中到与工作有关的任务、高水平的绩效和目标的实现上。

当然，研究表明自我效能感也是影响目标激励中的一个因素。自我效能感是指个体对他或她在给定的条件下使自己的绩效达到一定水平的信念。正如人们所期望的，当个体具有较高的自我效能感时，设置了较高目标的个体，其绩效也会达到较高的水平。一个人的自我效能感与任务有关，如一个不利条件下的篮球爱好者在球场上可能有较高的自我效能感，但他在完成公司新开发的一台新设备的销售额时自我效能感可能就比较低。

此外，目标导向、努力、坚持性和任务策略四个中间变量能促进目标的达成，这四个特征均有助于使个体的动机努力得以引导和集中；能力、目标承诺、反馈和任务的复杂性四种调节变量也会影响到挑战性目标与绩效之间关系的强度。如果个体有能力、对目标有承诺、在实现目标的过程中有提供的反馈、目标又是复杂的，那么将会激励一个人实现其目标的积极性，提高工作绩效。

（二）确定共同目标的基本依据：公安院校的办学性质与育人目标

校局合作育人共同体建设是培养公安实战人才的一种手段、路径与创新模式，其共同目标的确定自然要立足于公安院校的办学性质，要服务于公安院校育人目标这一大局。

1. 国际教育标准分类理论：公安院校主要属于应用型高校

联合国教科文组织 1997 年修订的《国际教育标准分类法》，主要以人才

---

① ［美］D. 赫尔雷格尔，J. W. 斯洛克姆，R. W. 伍德曼. 组织行为学（第九版上册）［M］. 俞文钊，丁彪等译. 上海：华东师范大学出版社，2000：257.

职能和培养类型为理论依据和分类标准，并兼顾培养年限长短与学位高低，适应大多数国家高等教育多样发展的基本国情，所以其教育分类普遍比较适用。该分类法将第三级高等教育分为两个阶段：①

第一阶段（序数5）：相当于专科、本科和硕士研究生教育，此阶段细分为5A、5B两类。

5A类是理论型的，学习年限较长，一般为四年以上，并可获得硕士学位证书，目的是使学生进入高级研究项目或从事高技术要求的专业；它常继续细化为5A1与5A2两种培养方向，5A1是按学科分类，一般为研究做准备；5A2主要按行业分类，一般是从事高技术要求的专业教育（见图3－1）。

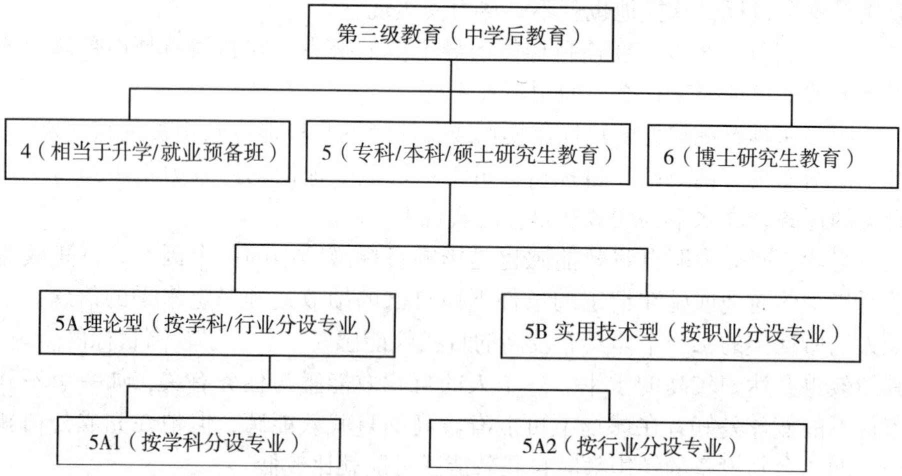

图3－1　联合国教科文组织1997年第三级教育分类示意图

5B类是实用技术型的，学习年限一般为2～3年，也可延长至4年以上，学习内容主要面向实际，适应具体职业内容，目的是让学生获得从事某个职业或行业，或某类职业或行业所需的实际技能和知识。

第二阶段（序数6）：相当于博士研究生教育。

据此，国内知名高教专家潘懋元先生认为地方本科院校的定位可有三种类型选择：一类是成为高水平职业性技术型本科院校（5B），但目前因现行制度的制约，发展还欠成熟；二类是大多数朝应用型高等院校（5A2）发展；三类是极个别高校朝学术性研究型高等院校（5A1）发展。很明显，地方本科院校主要定位为5A2类型，而不是千军万马挤向学术性研究型大学这座独木桥，它们中的大多数应当定位于教学型或教学为主的教学研究型，能够承

① 潘懋元．新建本科院校的办学定位与特色发展［J］．荆门职业技术学院学报，2007（7）．

担一定的应用性科研任务，但总体上是以教学为主，而不是以科研为主或教学与研究并重；它可以培养硕士研究生，但以培养本科生为主；同时，它虽面向行业，但与面向具体职业的高职高专不同，侧重培养的是理论基础扎实的技术工程师、技术师、经济师等行业“师”字号高级专业性人才，强调厚基础、宽专业、强能力、重应用，突出专门性、实践性和行业性，培养具有一宽（基础理论宽厚）、二高（较高的综合素质和专业能力）、三强（就业能力强、创业能力强、发展能力强）的鲜明特色和复合能力的高级应用型人才。

目前全国共有各级各类公安院校35所（不含现役的武警学院、海警学院等），其中本科院校26所，以地方公安本科高校为主（占22所），它们都是我国高等教育大众化进程中，主要由专科学校或通过合并专科学校升格而成，其办学基础是应用型；其他高职高专公安高校的应用型更加突出，即使是中国人民公安大学、中国刑事警察学院、铁道警察学院、南京森林警察学院等几所部属公安本科院校，也具有很浓的应用型办学特征，因此，很明显公安院校的办学性质以应用型为主。

2. 公安院校主要培养应用型人才

从理论上看，区分人才的标准是工作职能的性质，而不是具体的工作内容。学术界通常将客观规律转化为科学原理、致力于科学研究的人才称为学术性人才，而把科学原理应用于社会实践并转化为产品、致力于科学应用的人才为应用型人才。公安院校主要属于应用型高校的性质决定了其主要以培养应用型人才为目标，其逻辑起点就是公安专业应用型教育，这类教育突出强调公安专业的行业性和应用性，具体表现为如下几方面的特征：

一是以服务公安行业为主导。公安院校大多具有行业办学的传承优势，特别是地方公安院校，其办学的空间区位性或地方适应性以及行业指向性非常明显，因此，其人才培养既要立足地方，更要着眼公安行业，应在更合理的区位行业性背景内，强调专业布局适应性特征，人才培养适应行业需求，建立行业指向性明显的需求驱动型的发展模式，形成与本地区的公安行业、科技和社会文化协调发展的机制，拓展特色办学的广阔发展空间，增强对地方经济社会发展的辐射力和贡献率，因地制宜地实现公安院校与区位经济社会的协调发展，不能脱离本地区的行业发展实际，盲目追求高层次、高水平、高指标。如云南警官学院立足区域优势，办好禁毒学专业，着力培养禁毒方面的优秀警务人才；新疆警察学院结合自身实际着重培养反恐方面的警界精英；上海公安学院根据自身多年办学积累，突出警务实战能力训练模式探索等，都是很好的实践。

二是要突出公安应用能力的培养。要以校局合作、校企合作为依托，按照“实战有所需，教学有所应”的原则，按照公安机关民警基本能力、综合素质和专业岗位技能的要求，依照应用型、复合型、创新型人才培养规律，通过调研论证，根据办案、职业服务的技术、技能和工作流程构建知识教育体系、技术技能训练体系和实验实训实习内容，及时设置、调整学科专业及方向，确定课程结构、选择课程内容、开发专业教材，将公安机关最前沿、最需要的知识、最关键的技能、最重要的素质提炼出来，融入课程之中，确保课程教学的针对性和有效性，突出以实战能力为主线的人才培养方略，实现“育人”与“用人”的无缝对接，主动适应经济发展和公安工作的新常态。

（三）共同目标的达成：合作培养公安实战人才

校局合作育人共同体的利益相关者关心的侧重点可能不同，决定了他们的目标也就可能不一致。特别是每一个利益相关者都有追求各自利益最大化的倾向，甚至认为他的利益与其他成员的利益不相容，因此，要为共同体确定一个统一而又符合逻辑的目标体系不是一件很轻松的事情，需要统筹考虑政府（社会）、学校和公安机关等校局合作育人共同体相关主体的利益和追求。

1. 国家与社会发展对高校人才培养的要求：加强应用能力培养

随着社会的快速发展，国家不断引导高校转型发展，加强应用型人才培养。高校转型最早在2010年《国家中长期教育与改革发展规划纲要（2010—2020年）》（以下简称《纲要》）中可见端倪，《纲要》中指出要“适应国家和区域经济社会发展需要，建立动态调整机制，不断优化高等教育结构”“重点扩大应用型、复合型、技能型人才培养规模”。2012年3月16日，教育部发布了《关于全面提高高等教育质量的若干意见》（教高〔2012〕4号）（简称“三十条”），要求各高校牢固树立人才培养中心地位，优化结构、注重创新、强化特色，走以质量提升为核心的内涵式发展道路，把促进人的全面发展和适应社会需要作为衡量人才培养水平的根本标准，会同相关部门、科研院所、行业企业制定实施本科和高职高专专业类教学质量国家标准，鼓励行业部门依据国家标准制定相关专业人才培养评价标准，高校根据实际制订科学的人才培养方案。以提高实践能力为重点，探索与有关部门、科研院所、行业企业联合培养人才模式；强化实践教学，新增教学经费和生均拨款优先用于实践教学，加强实验室、实习基地、实践教学共享平台建设；加强实践教学管理，推动建立党政机关、城市社区、农村乡镇、企事业单位、社会服务机构等接收高校学生实践制度，提高实验、实习实训、实践和毕业设计（论文）质量，创新教育教学方法；倡导启发式、探究式、讨论式、参与式教学；通过政策和项目引导，探索建立校企（行业）协同、校地（区域）协同等开放办学新模式，增强高校社会服务能力。

2013 年 4 月教育部印发《现代职业教育体系建设规划（征求意见稿）》中提出“鼓励有条件的地区试办应用技术大学（学院），重点培养高技术应用型人才和复合型、创新型人才”（在 2014 年 6 月印发的《关于加快发展现代职业教育的决定》中将“鼓励”改为“引导”），2014 年 2 月 26 日国务院审议通过《事业单位人事管理条例》，引导一批普通本科高校向应用型高校转型发展，2014 年 3 月时任教育部副部长鲁昕在中国发展高层论坛上提出将有 600 多所 1999 年之后升本的高校逐步转型为应用型高校，2015 年 10 月 21 日教育部、国家发展改革委员会、财政部联合下发《关于引导地方部分普通本科高校向应用型转变的指导意见》（教发〔2015〕7 号），提出建立高校分类体系，实行分类管理，制定应用型高校的设置标准和评估标准，鼓励行业企业等第三方机构开展质量评价，落实省级政府统筹责任，加大试点高校经费支持，优化经费支出结构，向教育教学改革、实验实训实习和双师型队伍建设倾斜，扩大高校考试招生、教师评聘、财务管理自主权。要求各相关高校主动适应和引领我国经济发展新常态，积极找准向应用型高校转型发展的着力点、突破口，切实增强高校服务区域经济社会发展和行业企业技术进步的能力；坚持需求导向，深化产教融合、校企合作，促进高校科学定位、特色发展，建立学校、地方、行业、企业和社区共同参与的合作办学、合作治理机制，支持行业、企业全方位全过程参与学校管理、专业建设、课程建设、人才培养和绩效评价，鼓励建立有地方、行业和用人单位参与的学校理事会（董事会）制度、专业指导委员会制度，按照工学结合、知行合一的要求，根据生产、服务的真实技术和流程构建知识教育体系、技术技能训练体系和实验实训实习环境；统筹各类实践教学资源，构建功能集约、资源共享、开放充分、运作高效的专业类或跨专业类实验教学平台；将现代信息技术全面融入教学改革，通过校校合作、校企合作联合开发在线开放课程；积极引进行业公认专才，聘请行业优秀人才作为专业带头人或担任兼职教师，加强“双师双能型”教师队伍建设，激励教师积极提高实践能力。

2. 公安院校人才培养：突出公安实战能力培养

由于公安教育的行业背景和职业倾向性，突出公安实战能力培养一直是公安院校的人才质量追求。进入 21 世纪以来，面对社会发展对公安工作的新挑战，2003 年就召开了第二十次全国公安会议，提出了进一步加强警察队伍规范化建设；随后公安部组织多个工作组深入全国调研，形成公安院校教育体制改革的初步设想，并就此与人事部、教育部、财政部、中央编办、国家发改委等有关部门进行了多次协商，有力地推动了公安院校的体制改革的步伐。2008 年 6 月，中央政法委、中央组织部、人力资源和社会保障部等 11 个部门联合制定了《2008 年政法院校招录培养体制改革试点工作实施方案》，方案明确要求公安院校突出培养政治业务素质高、实战能力强的应用型、复合型政法人才，从根本上规范进入机制，这是一次典型的培养高素质、实战型人才的尝试。从培养内容上看，公安院校将更加侧重专业特色和职业能力的培养，在专业和课程的设置上，突出公安实务方面的教学、训练内容，针对性更强；在培养模式上，更具有公安职业特色，由公安机关和公安院校共同负责学生培养，以公安业务综合素质培养为基础，以职业精神、基本技能和专业能力教育培养为核心，探索"教、学、练、战"一体化的教学模式；对于加强和改进公安教育训练工作，促进公安队伍的职业化、正规化建设，都具有十分重要和深远的意义。

2015 年年底，人力资源和社会保障部等 6 部门印发《关于公安院校公安专业人才培养招录制度改革的意见》（人社部发〔2015〕106 号）中提出公安院校要以提高人才培养质量为核心任务，进一步调整办学理念，深化教学改革，提高教学质量，为公安机关培养政治坚定、作风过硬、业务精通、素质优良的公安专业人才。坚持突出专业、贴近实战，加强教师、教材和课程建设，完善"教、学、练、战"一体化人才培养模式，健全校局合作、协同育人机制，构建实验、实训、实习和实战有机结合的实践教学体系，着力培养学生的警务实战能力，优化学生的知识结构，提高学生综合素质，切实加强警务能力培养；建立健全体现公安院校人才培养特点的教学质量评价监控体系和教育教学督导制度，形成科学的教育培养质量管控机制；加强对公安院校毕业生职业发展状况以及用人单位满意度的跟踪调查，形成完善的教育质量反馈机制，促进公安院校人才培养不断适应公安工作的新要求，完善质量监控体系。

3. 公安机关：迫切需要大量公安实战型人才

公安机关承担着巩固共产党执政地位、维护国家长治久安、保障人民安居乐业三大职责，同时，随着社会治安形势的发展变化与政府职能调整，公安机关还将承担社会治安综合管理、交通管理等城市管理职责。所有这些职责与任务，均需要人才做支撑，决定了人才队伍建设是全部公安工作的根本和保障。

与此同时，科技发展日新月异，信息化对传统的警务工作模式带来了全新的挑战，公安机关如何顺应信息化发展趋势和要求，运用大数据思维，提升公安实战和服务群众能力已是箭在弦上、刻不容缓。而目前我国警察约 200 万，所占人口比例较世界不少发达国家明显偏低，警力不足已成为制约我国各级公安工作的一大瓶颈，公安机关迫切需要大量公安实战人才的加入。

因此，从上述分析中可以看出，培养公安实战型人才是国家（社会）、学校和公安机关等共同的迫切需求，通过共同体的努力也是有实现的可能的，可谓难度适中，也能激发各自的自我效能感，将“培养公安实战型人才”作为校局合作育人共同体的目标，比较符合洛克和莱瑟姆有关“目标设置”的模型要求，既目标清晰，又具一定挑战性和激励性，是一个比较合适的选择。

共同目标确定下来以后，往往会通过校局合作育人协议进行正式确认，接下来校局双方通过共同制定公安实战人才培养的标准和方案进一步具体化和细化（相关内容在第四章第一节中有论述，此处略）。

二、合作组织的建立

（一）合作组织对于校局合作育人共同体的意义

1. 合作组织是共同体的外在结构与形式

共同体作为一个团体或群体，必然具有一定的组织结构，或紧密或松散。由于组织结构的存在，使共同体成员之间形成了横向的联系，从而改变了社会中“相互独立的个人的一种纯粹的并存”状态。社会组织作为人们为了共同的目标或兴趣而自愿形成的、具有非营利性、非政府性的组织，它是共同体在社会中的现实结构与实现。正如托克维尔认为，美国这个“世界上最民主的国家，就是我们看到的这个能使全体人民最长于共赴一致希望目标并把这种新方法用于最多数对象的国家”，在其内部社会组织“能巧使美国居民动员大多数人的力量共赴一个目标和使人们自动前进”。[①] 社会组织的这种基于共同目标或兴趣而组织起来人们之间的横向联系，正是共同体在现实生活中的体现。尤其是在现代社会，社会组织活动的共同性是共同体区别于原子式个人活动的关键所在，就校局合作育人共同体而言，合作性组织就是其外在结构与形式。

2. 合作组织有利于共同体成员公共精神的培育

如同社会组织对于共同体的重要性，合作组织不仅在于它打破人们之间的孤立状态，建立起相互间的联系，使校局合作育人共同体的公共精神得以在现实社会与实践中体现，更为重要的是，合作组织的发展还有利于校局合作育人共同体公共精神的加强与提升。一直以来，社会组织被认为是共同体形成与发展的重要基石。通过广泛的自由结社，平等的人们彼此相识、交换意见，并协力共同完成某项事业。正是社会组织的活动将公民作为行动者集

---

① ［法］托克维尔著．论美国的民主［M］．董果良译．北京：商务印书馆，1997：617．

合了起来，也正是在这一基础上，帕特南将社会组织作为公民共同体合作的社会结构，并且认为公民共同体的规范和价值都体现在社会组织之中，并且也由于社会组织使公民共同体得以加强。虽然中国与西方国家有着不同的发展路径，但在社会组织的作用以及对共同体的追求方面却是一致的，在中国社会组织“不只是一支不可缺少的力量，而且是新社会的基本组成成分，因为只有在这里人们才能获得生存的共同体意义和公民素养”。

一方面，参与社会组织的活动有助于提高成员对共同体公共事务的关注度和参与度。托克维尔提出“在民主国家，结社的学问是一门主要学问。其余一切学问的进展，都取决于这门学问的进展”。在社会组织中人们学习参与的技能，包括组织会议、演讲等，逐渐培养对共同事务的兴趣和处理能力，在这个意义上社会组织被形象地称为公民的课堂。此外，在参与社会组织活动的过程中可以积累一定的社会资源从而降低实际参与政治活动的信息成本和动员成本。因而，参与社会组织活动较多的人，往往也会较多地关注和参与国家和地方的公共事务。

另一方面，社会组织有助于培养共同体成员间互助、信任和合作的习惯。“只有在相互作用之下，才能使自己的情感和思想焕然一新，才能开阔自己的胸怀，才能发挥自己的才智。”通过在社会组织中与他人频繁、密切的交流，人们不仅学习交往的技巧、能力，而且还在逐渐了解共同兴趣和共同利益的基础上学习信任、互惠与合作。大量的实证研究证明了这一点。帕特南在对意大利南北部的研究中就发现，邻里组织、合唱队这些社会组织资源丰富的地区，其公民互助、信任和合作的程度就高。此外，布雷姆等从 1972 年至 1994 年的美国社会调查中抽取相关的数据进行了实证分析，结果表明，社会组织活动的参与度与人们之间的信任度存在显著的相关性，并且参与对信任度提升的积极作用要大于后者对前者的作用。斯多尔等的研究也证明了参与社会组织的活动有助于成员信任的提升，而且有助于提升成员公共参与的能力。①

（二）组织结构设计的基本原则

1. 坚持组织自治与政府培育主导相结合

很明显，合作组织作为共同体的外在形式与结构，不是韦伯所说的官僚集权组织，是以公共精神为内在本质的社会性组织，自治性是衡量其是否相对独立的一个重要标准。人们普遍认为，自治可以让组织管理人员有更多的机会去充分发挥他们的作用，使他们对自己的行为更负责任，所以自治程度

① 郑琦．论公民共同体——共同体生成与政府培育作用研究［M］．北京：中国社会出版社，2011：26.

越高，组织的效率越高，可以提供更优质的产出，因而自治性是影响组织发展的一个重要因素，校局合作育人共同体组织结构的设计必须有利于促进合作组织的自治性。

与此同时，如前所述，由于人们公共精神之不足和对政府依赖的历史惯性，政府培育主导是我国校局合作育人共同体生成路径的现实选择；政府必须在合作组织结构设计中有一席之地，以发挥政府培育的主导作用。只要恰当处理好了政府培育与组织自治性之间的关系，共同体就会得到很好的发展。社会秩序的重建，不能只依赖于个人与共同体的互动作用，它还需要公共政策的推动。[①] 近年来，很多西方学者进行了具有开拓性并富有成效的研究，积累了大量的理论和实证成果，基本证明了政府的培育和支持对共同体的发展具有重要作用。从历史的角度来看，美国社会共同体的繁荣总是与政府对其的培育同时出现，无论是刺激社团的活力还是鼓励非营利性的倡导组织和公共服务组织的形成，政府培育都是社会共同体发展的关键。

例如，发达国家政府均重视建立校企合作教育的统一协调机构，搭建校企合作的平台，对校企合作过程进行监督、对合作效果进行评估，实现校企之间的对接。英国 1947 年成立了“全国工商业教育咨询委员会”，1964 年设立了“企业训练委员会”；美国 1958 年就成立了专门的校企合作委员会，1963 年成立了美国全国性的校企合作教育协会；德国联邦政府设立了“产业合作委员会”，专门负责对学校和企业合作过程的监控。[②]

2. 坚持合作育人与学校主动相结合

就校局双方在共同体的地位而言，二者无疑是平等的；在合作组织建立过程中应该平等协商、共同参与、一起建设，任何合作组织都需要校局双方的成员构成（有些合作性组织甚至需要政府的支持），立足各自的实际和优势，充分发挥合作育人的功能。

但育人毕竟不是公安机关的主业，学校才是公安人才培养的最重要家园，学校应主动树立合作育人理念，主动成立相关组织，主动与公安机关沟通、协调，促进合作组织的建立与发展。

3. 坚持主体多元与广泛参与相结合

合作组织的建设既要坚持学校和公安机关的最重要主体性地位，又要考虑系（部）、队（所、科）、教师、民警、学生和其他有关成员的参与方便，

① ［英］保罗·霍普．个人主义时代之共同体重建［M］．沈毅译．杭州：浙江大学出版社，168.

② 尹庆民等．校企合作研究——基于应用型高校的模式及保障机制［M］．北京：知识产权出版社，2012：117－119.

充分发挥他们的积极性作用，促进主体的多元性和参与的广泛性。就学校而言，学校总体牵头校局合作育人工作，但系（部）和教师是人才培养工作的具体实施者，他们既是人才培养方案制订者，也是学科、专业、课程建设者，还是教学规范、学生学习、日常行为的管理者，他们的主体性直接关系着学校人才培养质量；于公安机关而言，队（所、科）是公安机关的基层和一线实战部门，民警是公安工作的具体实践者，他们最清楚公安实战对人才培养的规格、能力和要求，因此，合作组织的建设应该朝着有利于激励他们参与的方向发展。

（三）组织结构的具体建立

通常按组织性质的不同，社会组织可以大致分为公益性和互益性两大类。公益性组织的受益人群是社会上不特定多数，其产品通常不具有排他性和竞争性，因而属于纯公共物品，如社区中的治安巡逻队、绿化队、志愿者协会等。互益类组织的受益人群一般为参与组织的成员，其产品通常具有非竞争性和局部的排他性，因而属于准公共产品，如社区中的文体组织。对校局合作育人共同体而言，它兼具公益性和互益性，根据合作组织的功能和导向，可以将合作组织分为协调性组织和育人性组织，前者着重校局合作育人过程中的综合协调，如政府培育主导、校局双方沟通协商等；后者突出校局双方具体合作育人性实践，如合作课程资源、合作实习基地建设、合作强化实践教学指导、合作教师队伍培养、合作教学评价改革等。

1. 合作协调性组织

一是政府主导成立校局合作育人工作领导小组与办公室。这是体现政府培育主导的重要外在组织形式。目前，教育部、公安部等都已陆续出台鼓励校局合作育人政策，但目前公安机关任务繁重、人手紧张，很难有效顾及校局合作育人共同体建设工作，在实践中普遍存在学校对校局合作意愿强烈，而公安机关参与度不够的情况；为使校局合作育人共同体建设能够深入推进，并取得实效，政府可以出面成立校局合作育人工作领导小组，政府部门负责人或分管领导要出任领导小组组长或成员，并细化相关政策，明确校局双方育人责任，激励双方合作育人。若因各地发展实际的复杂性，从国家层面制定统一政策有难度，至少可在省（自治区、直辖市）公安厅（局）的统筹协调下，建立各省（自治区、直辖市）校局合作育人工作领导小组，办公室可设公安厅（局）政治部或公安院校，有效培育校局合作育人共同体建设，促进合作育人。目前许多地方公安院校尝试建立了校局合作领导小组，常由省（自治区、直辖市）公安厅（局）领导（一般是政治部主任）牵头，厅（局）政治部教育训练处与公安院校领导以及合作公安机关领导与学院领导任副手，办公室设在学校。

二是校局双方建立校局合作组织机构。为使校局合作育人能有效落地生根，特别是学校一定要成立专门的校局合作指导和管理机构（可依托政治部、教务处、培训部等开展日常工作），指导各系（部）、教师与公安机关开展合作，做好校局合作的规划与资源优化，统一协调解决合作过程中遇到的问题；公安机关至少要明确分管领导和部门，实现校局合作育人有人管、有场地、有经费、有制度，有效保障合作育人相关事宜。

三是可视情况成立行业组织，充分发挥它们的指导作用。如刑侦工作者协会、视频图侦协会、治安工作协会、警务实战技战术协会等，鼓励其参与相关技能标准制定、资格认证或课程资源开发与利用，也将会产生重要积极作用。

2. 合作育人性组织

这类组织是校局合作育人的具体载体和平台，具有较强专业性组织的特点，因育人活动的复杂性，这类组织也非常丰富多样，既可以是以某个项目组建，如校局合作研发警务技战术团队、实习基地建设小组、合建某专业人才培养基地等；也可以以某类人群或机构组建，如系、队合作小组、校局合作视频侦查实训团队等；或者组建专门的专家委员会、工作室、战略性联盟、警务机制改革研究中心等，如成立由公安院校和公安机关领导及有关专家、骨干参加的专家委员会，研究人才培养模式改革，制订人才培养方案，推进警务理论与实战研究，促进在职民警培训的深入开展等，充分发挥校局优势，实现互利双赢。例如，湖南警察学院与一些公安机关成立以学校专家命名的“绪崇工作室”，工作室充分发挥专业和技术优势，既服务当地公安工作，在打击网络犯罪方面争取新突破，多破大案要案，又协同培育公安实战人才，取得了较好的实效；河南警察学院在校内成立“杨玉章工作室”，该工作室是经省厅批准成立的综合性实战业务部门，并批示要求工作室配备助手，办三件事：指导办大案、培养带徒弟、编写实战教材等；如江苏警官学院与多个地市公安机关组建公安实战教学联盟，践行“开放、共享、创新、共赢”的合作理念，加快构建新型合作育人模式，谋求在更多领域的深度合作，发挥合作最大效益，实现校局共同发展，不断丰富校局合作育人的新范式。

三、运行机制的建设：共同体的保障体系

所谓机制，通常就是指社会中人们所遵循的一系列规则，其目的在于抑制人类交往中可能出现的机会主义行为和任意行为，增加了交往的确定性，从而达到激励人际间互动的效果。机制是一切工作的保障，“哪里制度动摇，

哪里便一切动摇；哪里制度松垮，哪里便一切松垮和混乱”。[①] 就校局合作育人共同体而言，主要加强以下五方面的机制建设，为其健康运行提供有效保障。

(一) 校局合作育人协议

协议是基于双方合作关系和某种目的的约定，协议的签订，既是校局合作各项工作正式开始的仪式确认，又是对彼此合作中的权利、义务和责任的明确，也是凝聚合作共识、推进合作事宜的最重要的文本文件，因此，校局合作协议是合作共同体目标的确认，是建立合作运行机制的基础，必须充分沟通、深入讨论，努力制定一份完备、周全又有引导性的合作协议。育人是校局合作最重要的内容，因此，校局合作育人有关内容往往无须单独签订协议，而是作为最重要一块放在校局合作协议之中。

作为合作协议，首先，充分体现校局双方平等、自愿、公平、协商一致的原则，突出资源共享、友好合作的基本理念，围绕人才培养这一中心目标而展开，既不能不顾实际提出过高期望或要求，也不能做出显失公平的规定。其次，对校局双方合作育人的权利、义务及相关配套措施做出清晰说明。如工作机构、人员、场地、费用等日常运行管理制度做出基本规定；确定会务制度、通报制度、绩效考核制度等工作行为准则；建立教师实践锻炼、送教下基层制度、实战教官驻校任教制度、专家上讲台制度、信息交流制度、实习生管理办法、创新教学质量管理和教师评价制度等。此外，为体现协议的地位和庄严，一般举行正式甚至非常隆重的合作协议签约仪式，最好还邀请政府主管部门负责人（如省/市公安厅/局负责人）出席，既是见证，也是体现政府的培育和支持。

(二) 沟通机制

“共同体”非常强调成员间共同的精神意识与紧密关系，如归属感、认同感、依恋度，包括态度、情感、价值观和行为方式等，即“共同的理解”。就校局合作双方而言，要形成有效的育人共同体，不能仅让校局双方通过合作满足了最初的需求就行了，那不过就像是进行了一次简单的金钱交易而已。Airbnb 曾经做过一次调查发现，人们选择租房的时候会选择与自己有共同爱好的房主，也即共享平台让人们相互连接，兴趣与爱好给这个连接加了一层黏合剂，产生了用户黏性。[②] 校局双方需要经常沟通，既可互通信息，又可增加情感黏性和认同感，它具有如同葡萄藤的功能，可以使松散的个体紧密结合在一起。

---

① ［捷克］夸美纽斯．教育论著选［M］．任宝祥，等译．北京：人民教育出版社，1990：242.

② 綦成元，曹淑敏．大融合·大变革［M］．北京：中共中央党校出版社，2015：34.

具体而言，要建立和完善长效的沟通机制，主要可以在以下两个方面下功夫：

一是信息沟通机制。学校应派人经常走访合作方公安机关，探望相关人员，互通有无，交流信息。涉及学校改革发展的重大事件、重要政策调整和人事变动等信息及时向合作方公安机关发布，使公安机关感觉到学校的重视；同时，关注公安机关的发展变化，如公安机关警务机制改革、任命负责人，破获重大案件，立功受奖等，学校及时给予信息回应；学校要以各种形式了解公安机关对校局合作的意见与建议，认真听取和吸收合作方公安机关的意见，对于合理的意见要诚恳接受并积极改进，暂时不能采纳的意见及时进行解释说明等；积极关注合作方公安机关在校局合作及其他工作中遇到的困难与问题，并积极组织学校相关专家协助研究与解决等。也可通过信息简报、宣传手册、新闻报道、微信、工作简报、板报、音像资料等多种手段，在政府门户网站、公安内网、公安微信官网、学报校报、重要会议等平台上及时发布与交流合作信息，推出多重宣传，逐步引导社会各界特别是公安实战部门对校局合作工作的关注，日益增强校局双方对合作育人共同体的认同感。

二是情感互动机制。校局合作过程也是人际交往、感情沟通的过程，特别是当前还比较缺乏吸引公安机关参与人才培养的法律规定和政策优惠条件，推动校局之间合作非常需要来自人际间沟通交流产生的情感，情感是校局合作的重要动力源和润滑剂。可通过合作工作联席会议、年会、实习生拜师仪式、工作推进会、专题研讨会、经验交流会、篮球赛等多种形式丰富校局双方人员的情感交流；学校要重视与校局合作相关人员的相互交往，要经常走访公安机关相关人员，定期或不定期召开由校局合作相关人员参加的座谈会，讨论解决合作中存在的问题；重要节假日主动上门慰问或通过其他方式进行慰问，如教师节，要主动到公安机关特聘教授和教官单位或家里慰问，或寄送贺卡、小礼品等；要按照以人为本的原则充分尊重校局合作相关人员的劳动，关心其疾苦，帮助他们解决工作和生活中遇到的困难和问题，使他们切身感受到自己是学校的一员；学校和基地之间可实施联系卡制度，学校为每一合作单位安排了对口联络人，联络人最好是某一领域专家或某一综合部门负责人，这样，让学校师生与公安机关民警直接连接，并且在共同实践的过程中相互了解和认识，成为一种认识人的方式，使校局合作融入更多的感情味道，增强合作中的情感黏性，促进育人共同体的真正形成。

（三）共享机制

从高校育人角度而言，“育人共同体”就是想突出政府、学校、企业、社会和学生等构成要素在育人中的作用，它就是彼此以培育和提升人才质量为目的、按照“目标共同、机制共建、资源共享、责任共担”原则建立起来的培育载体。[①] 共同体建设是一种复杂性思维、整体性思维，强调主体间性，有利于打破易把理论与实践、课堂与社会、所有与使用对举而造成彼此间割裂的惯性思维；是一种有利于整合更多资源、提高资源使用效益的新理念，重视教育的本质，人的发展和完善是在师、生、校、社等各要素交互中完成的。Uber 公司没有一辆汽车而成为世界上最大的出租车公司，Airbnb 没有一处房产而成为世界上最大的旅行房屋租赁社区，随着时代的发展，特别是“互联网+”时代的到来，人们越来越从共享模式中获得更多的产品和服务，因此，加强资源共享机制建设是校局合作育人共同体建设的重要内容。

一是人力资源共享机制。人是最重要的资源，就校局合作育人共同体而言，至少包括教师、学生、民警等人力资源的共享机制建设，促进彼此优势资源的互惠互利和人才培养质量。目前一线警力不足一直是困扰公安实战机关的难题之一，而就学校而言，学警是一支可应用的重要机动力量，完全可以通过制订恰当的实习、见习、实训计划，有效服务于公安实战部门。在每年的“五一”、“十一”、春节长假等节假日，或“两会”“首脑峰会”“博览会”“交易会”“运动会”等其他重要活动期间，是人员较为集中、人员流动较大的时期，也是公安机关任务较繁重、压力较大的时期，也可采用“节假日执勤”模式，或考虑对学生的实践教学计划进行调整，将实践教学安排在这些时间进行，及时支援地方公安机关上述重大警务活动，既可以解决公安机关人力资源紧张的燃眉之急，减轻公安机关的压力，赢得公安机关的支持。同时，在任务较繁重的时期开展实践教学业更有利于培养学生的警察职业素质和职业能力。此外，全国各地已进行数年的公安院校教师和公安机关实战教官“双千交流”计划，就是教师和教官资源共享的具体运用，校局双方还可据此计划进一步细化、深化，以更好地促进学校和公安机关对优秀教师与实战专家的彼此共享。

二是物力资源的共享机制。即要积极搭建平台、促进校局对双方场地、设施、工具等物力资源的有效利用。如学校内的教室、训练场、实验室、实训中心、实战技能培训中心、研究所及其相关设施设备都是有效的物力资源，公安机关的办公场所、公安机房、执法区域、执法现场、办案平台、办案工具等都是可以共享的重要资源，关键就是如何创设合理机制，真正实现彼此共享。例如，湖南警察学院尝试与附近公安机关多元合建各类人才培养基地就取得了比较好的成效，学院治安系与长沙县公安局合建“治安学应用型人

---

① 张映彬. 论高校实践育人共同体与社会主义核心价值观教育［J］. 黎明职业大学学报，2015（3）.

才校局合作培养示范基地”，并获省级普通高校实践教学建设项目正式立项；侦查系、交通管理系分别与长沙市公安局雨花分局、交警支队合建“侦查学专业教学科研与实践基地”“交通管理工程学科教学科研实践基地”，在加强学生实训实践条件建设的同时，也不断推进了教师（特别是青年教师）进入基地实习、调研和挂职，加强了“双师型”师资队伍建设。

三是智力（含信息）资源共享机制。学校有不少理论和技术专家，公安实战部门也有大量业务和实战专家，他们都是富有生命力的智力资源；此外，公安实战部门中的民警专利、典型案例、办案软件或平台、执法经验等都是很好的课程信息资源，为此，学校可通过送教、送智、送技术等形式多方位、深层次服务于地方公安机关合作单位，定期编辑研究资料或学术报刊并免费邮送至各合作单位；公安机关组织选送优秀民警任驻校教官，分别担任多门课程或专题的教学任务，或利用课余时间为学生开展学术讲座，或及时整理典型案例或经验支持学校教学等，都是上述资源共享的好形式。此外，随着信息化手段的快速进步，可将有关视频、音像、案例、慕课、虚拟资源等上传至校局合作网络空间，打造共享平台；在确保安全的前提下，还可以借助公安内网为师生教学实践提供丰富的实践教学资源。

（四）激励机制

激励理论认为，成员对于其在共同体中所能达成目标的期待以及达成目标后所获得的肯定，是成员焕发内驱力的关键。鉴于育人是学校的职责所在，因此激励机制要着重突出调动公安机关参与培养高素质实战型人才的积极性，具体可以采取如下措施：

一方面，要加强对校局合作育人工作的评估。目前虽然不少省（自治区、直辖市）公安厅（局）领导非常重视校局合作育人工作，但到底如何对其进行考核评价与激励，目前都还在摸索之中。如以人员互派为例，虽然目前通过学院组织师生进基地实训、公安实战机关选拔优秀民警驻校任教官或在基地担任导师，初步实现了人员互派，资源共享，但基本上还是师生进步快、民警收获少，尚未有效促进校局双方人力资源共同成长。因此，公安主管部门要牵头制定出切实可行的校局合作育人工作考评机制，通过省厅考核、院校考核、学员评估等多种形式，加强对合作方公安机关的考核评价，调动公安机关参与校局合作的积极性和主动性。

另一方面，要加大对校局合作育人工作评估结果的运用。鉴于公安机关参与校局合作育人共同体的自愿性和政府培育的主导性，目前可以根据上述合作育人评价标准，着重加大对校局合作育人先进单位和个人物质、精神上以及政治上的奖励，由公安主管部门牵头、校局双方充分协商、共同制定出有利于吸引公安机关、民警和学校师生参与共同体的制度。如优秀校局合作育人公安机关和个人在政府有关考评体系中适当加分，提请上级公安机关给予立功嘉奖，同时尝试对连续较长时间合作育人不力的单位实施淘汰或退出机制，将考核结果纳入公安机关管理和公安院校实践单位建设进程之中等，调动公安机关参与合作育人的积极性；出台晋职晋级倾斜政策、优先参加进修培训、增加休假时间、选调返聘或其他福利待遇弥补办法，吸引优秀民警担任教官；完善教师下派基层实战机关挂职锻炼、实习调研制度、学生实习管理等，支付一定补贴并定期进行评价、宣传报道，激励师生投身共同体之中。

(五) 保障机制

校局合作育人是国家及上级公安机关对公安高校人才培养的要求，是公安实战型人才培养的需要，为使校局合作能够持续推进，并取得实效，应建立起相应的保障机制，切实保障校局双方进行良性合作。

首先，要建立相应的经费保障机制。校局合作开展育人实践牵涉基地建设、人员组织、问题探讨、后勤保障等多方面的事项，离开了经费就无法前行，因此经费是校局合作得以顺利开展的基础保障，学校应将校局合作所需经费列入学院每年的经费预算，通过划拨专项经费来保障校局合作的顺利进行，如设立校局合作专项资金来支持和保障校局合作活动的开展与人才培养基地的建设等，要投入适当经费在基地建设图书室、多媒体教室，方便师生驻地学习研讨；要加强基地宿舍建设，条件允许的要安装空调，使师生安心实训；需要增加交通费、生活费开支以及争取适当文体或其他业余活动费用，丰富基地实训生活等。

其次，要完善其他相关配套保障。如实战能力界定及其考核标准、合作基地建设与评价制度、师生进合作基地实践课时计算与学分换算办法、公安实战前沿课程开设与管理办法、实战教官队伍选拔与管理办法、情景模拟或现场观摩或案例教学等方法改革、实战部门警务信息实时接入学校课堂等教学相关配套措施，都需要提前设计，并在实践中不断完善。

第四章　共同体的实践：校局合作培养公安实战型人才的路径

人只有借助于共同体，才能克服他的自然性，实现其“精神的本质”。

——黑格尔

第一节　共同制订人才培养方案

人才培养方案是人才培养和教育教学的顶层设计，是制订教学计划、开展教育教学改革的重要依据，是各专业依照专业需求、社会需要和能力需要科学设定专业培养目标。因此，校局共同制订公安实战型人才培养方案实质上是校局合作育人共同体目标的具体化和细化。

一、基本依据：公安应用型高校教育的主要特征

根据潘懋元先生的观点，“专业性应用教育”是应用型本科高校的逻辑起点，即应用型本科高校应是“建立在普通教育基础上的专业性应用型教育”。[①] 因此，公安院校的逻辑起点就是公安专业应用型教育，这类教育突出强调公安专业的专门性、针对性、实践性和行业性，其定“向”在行业、定“性”在专业、定“型”在应用、定“位”在教学、定“格”在实践，它也是校局合作制订人才培养方案的基本依据。公安应用型教育具体表现为如下几方面的特征：

---

① 潘懋元，车如山．做强地方本科院校的理论与实践研究［M］．北京：高等教育出版社，2016：21．

（一）以公安行业需求为主导建设学科专业

要侧重发展公安应用型学科。一所高校赖以生存和发展的基础在于学科，而一个学科可能有多个专业方向，但一所高校不可能去建设所有的学科方向。与普通高校相比，公安院校教育的优势就在于服务公安实战的特色，因此，公安院校就是要从公安实战需求出发，结合服务区域的特色，发展公安特色学科。例如，云南警官学院从公安实战和所处地理位置的特点出发，创办的禁毒学科，产生了一定的国际影响力。此外，公安院校应密切关注社会经济发展和公安工作改革对人才需求的变化，以公安实战发展变化为牵引，及时发展新兴学科。面临反恐形势的变化，新疆警察学院在反恐学科建设方面走在同行院校前面。面对大量突发性事件及其带来的严重危害，江苏警官学院率先开展应急警务学科方面的建设。

要根据社会需求设置专业（或调整专业方向）。专业是基于学科分类和社会职业分工、高等学校培养各类高级专门人才的基本单位。一般来说，专业设置的依据有两个，一是学科分类，二是社会需求。由于公安实战型人才对社会的直接适应性较强，因此，公安院校专业的设置方面更应该主要考虑社会的需求。随着信息化和大数据的急剧发展，社会对网络安全与执法专业人才的需求不断增加，学院可据此制订相应的专业发展计划。当然，社会需求有近期、中期和长期之分，也有全国与区域之分，由于人才培养是一个长期的过程，一般需要四年，因此，公安高校在设置专业时应更多地考虑当地社会的中长期人才需求。若专业设置受教育行政部门严格控制，为了紧跟社会公安工作需求的变化，可通过专业方向的调整来实现这一目的。

（二）依托学科、面向应用构建课程体系

所谓“依托学科”，是指以学科为支撑构建应用型高校课程体系，给予学生足够的学科基础知识，尤其是跨学科基础知识，使之具有较宽的理论知识基础、较强的工作能力和一定的可持续发展的能力，能适应科学技术快速发展和产业升级的需求，在不断变化的环境中完成工作任务。

所谓“面向应用”，是指在给予学生足够的学科知识基础上，要把专业应用能力作为专业课程设计的起点，将专业应用能力的特征指标转换成课程体系、内容，突出培养学生的专业应用能力。

这样，使学生既能一毕业就能直接胜任公安岗位工作，又不缺乏可持续发展后劲。

（三）采取产学研相结合的多样化培养途径

应用型人才培养强调专业应用能力的培养和对社会的直接适应性，这就要求在人才培养方面突破传统大学以校内课堂知识传授为主的单一培养方式，采取产学研合作、双证书教育等途径。产学研合作是指将学习与工作相结合的人才培养途径；双证书教育是指高等院校的毕业生在毕业离校走上社会的时候，不仅要获得高等教育的相关学历证书，而且要求获得人力资源和社会保障部门或其他权威机构颁发的执业资格证书或技能证书。

如当今法国，“大学校”与行业日趋密切的联系在改革中发挥了至关重要的作用。学校在开设专业课、实验课和实习课基础上，通过毕业设计和生产实习的学程模式延伸专业教育链，加强与行业和企业界的渗透与融合，形成独特的专业教育特色。与此同时，法国“工程师职称委员会”每年公布一次被授权颁发工程师文凭的学校名单，目前已有170多所“大学校”被授权颁发科技工程师文凭，学生在毕业时，不仅获得毕业证书，同时还能获得行业权威机构颁发的专业资格证书；毕业证书与资格证书两证挂钩，加强专业教育的行业性，是法国“大学校”毕业生比较抢手的重要秘诀。此外，德国的“双元制”模式、美国的产学研合作、英国的“工读交替”模式都很有代表性。

（四）需要一支过硬的“双师型”教师队伍

人才培养的关键是教师。应用型人才的培养，需要一批适应应用型教育的“双师型”教师。“双师型”教师是指既具备扎实的基础理论知识和较高的教学水平及一定的科研能力，又具有较强的钻研实践能力和丰富的实际工作经验的教师。其不仅具有宽厚的行业基础理论知识和实践能力，还需具备将专业职业知识及实践能力融合于教育教学过程的能力。

因此，“双师型”公安教师除具备教师的基本能力和素质外，在能力和素养方面还有特殊要求：既要熟悉遵守公安职业道德，还要清楚其制定过程、具体内容及其在公安实际中的地位、作用等，并通过言传身教，培养学生良好的职业道德，自觉按公安职业道德办事；既要了解公安实战部门对本专业能力的要求，注重学生专业职业知识的传授和实践技能、综合应用能力的培养；还要善于接受新信息、新知识、新观念，不断提高自己，主动适应变化的新形势。

（五）强化实践教学，不断提升学生应用能力

参照美国卡内基教育促进会的大学分类，公安院校基于自身的实际，应明确“教学型为主”的层级定位，确定教学的中心地位；同时应用型院校实现与学术型大学错位发展的关键，在于传承其重视和强化的实践性教学优势，创建独具特色的实践性教学体系。

积极探索实践教学的内容和方法。要把专业教学内容尽可能与实战相结合，坚持实战导向，提高实践教学比例，创造一种学与教、生与师互动的社会交往情境，通过具体化、情境化等方式，促进学生构建知识，形成能力，进而学以致用；或通过改善教学条件，加强实践教学基地建设，开展实验、

实训教学竞赛，组织见习观摩、实习实践，带动实践教学改革，提高整个实践教学水平。

开展能力取向的教学评价。确立能力取向的教学评价理念，实现从单纯的知识评价向以能力评价为主的多元化评价内涵的转变，是应用型人才教学目标的应有内涵。① 多样化的高校办学育人自然需要多样化的质量标准，以便“分类指导”“分类评价”；对于应用型人才而言，虽强调学科专业基础知识的掌握，但更突出专业应用能力的培养。因此，采用能力取向的评价就是既要重视结果性评价，也要重视过程性评价；既要采取闭卷考试，也要包括作业、课堂问卷、小论文、实际操作、小组答辩、调查报告、读书报告等形式；既要注重考核学生知识应用能力、解决实际问题的能力以及专业动手能力，也要重视社会适应能力、自我发展能力、人际沟通能力的评价，从而全面促进应用能力的培养。

二、基本指导思想

校局合作共同制订公安实战型的专业人才培养方案要全面贯彻党的教育方针，从公安院校应用型的办学性质出发，以立德树人为根本任务，以“应用”为核心，以公安院校公安专业人才招录培养制度改革为突破口，坚持素质教育和专业教育相结合、人才成长和社会需求相结合，创新教育理念；根据教育部、各省（市）教育厅（局）本科专业设置和高等教育教学质量的有关指导性意见、国家中长期教育改革和发展规划纲要、公安高等教育发展纲要以及各校教育教学发展规划，特别是教育部关于引导部分地方普通高校向应用型转变的精神和公安部、省（市）公安厅（局）实战化教学的有关精神，培养具有宽广的学科基础知识和扎实的专业基本理论，政治可靠、作风优良、专业过硬、身心健康，掌握现代科学知识，具有良好的职业核心能力、实践能力和创新精神，能够在政法领域、行政管理领域、公共服务领域等从事相关工作的应用型高级专门人才。以实战型、创新型人才培养为目标，推动人才培养和教育教学改革整体协同推进，培育专业特色，提升内涵发展，全面提高公安人才培养质量。

三、共同制订公安实战型人才培养方案的基本原则

（一）校局双方共同全程参与

就校局合作双方而言，双方各有优势与劣势，彼此追求的具体目标可能

① 钱国英．高等教育转型与应用型本科人才培养［M］．杭州：浙江大学出版社，2007：159－160.

不同，甚至对合作的期望也可能不断发生变化，因此，共同目标确定的过程不是一项很容易的工作。但著名的管理学家洛克早在20世纪60年代就研究指出，目标如果是利益相关者共同参与协商达成，并具有一定挑战性（通过努力能够达到），它会具有极大的激励作用。这就要求我们在建设共同体之前，既要考虑双方的诉求与冲突协调，也要考虑共同目标的难度、清晰度及参与度，做好调查与分析，摸准校局双方合作育人的需求清单，立足各自的资源与条件，要在培育公安实战型人才方面达成共识，成立有公安实战专家参加的专家指导委员会，共同制定公安实战型人才培养标准和科学可行的人才培养方案。如学校方在知识传授、课程体系、教学方法等方面优势明显，公安机关则在公安实战能力结构、标准制定、实践实训等领域拥有发言权，二者需充分沟通，共同协商，确保人才培养方案的合理性、针对性。

（二）突出实战能力导向

主动适应经济发展和公安工作的新常态，面向社会需求，面向警务实战，依照应用型、复合型、创新型人才培养规律，突出以实战能力为主线的人才培养方案设计。以校局合作、校企合作为依托，建立学校与公安机关、企业紧密衔接的人才培养机制。根据办案、职业服务的技术、技能和工作流程构建知识教育体系、技术技能训练体系和实验实训实习内容，突出学生社会适应与发展能力、专业基本能力和职业核心能力的培养；按照“实战有所需，教学有所应”的原则，按照公安机关民警基本能力、综合素质和专业岗位技能的要求，通过调研论证，及时设置、调整学科专业及方向，确定课程结构、选择课程内容、开发专业教材，将公安机关最前沿、最需要的知识、最关键的技能、最重要的素质提炼出来，融入课程之中，确保课程教学的针对性和有效性，实现“育人”与“用人”的无缝对接。

（三）加强统筹协调

围绕专业培养目标，科学设置人才培养规格，确定专业人才的知识、能力、素质要求，并依此确定各个专业的课程体系、教学内容、教学环节、教学方法和考核评价方式，保障学生知识、能力、素质协调发展。根据实战型人才培养的要求，统筹考虑应用型、复合型、创新型人才培养与公安人才招录培养体制改革的需要，推动人才培养与教育教学的协同改革。以制订新的人才培养方案为契机，推动教学管理和课程建设、教学方法、实验实训全方位的同步改革。学校各专业教学系部要成立专业教学指导委员会，其中至少有1/3以上的成员必须来自公安机关、企业、行业，负责对专业人才培养方案的制订进行指导、论证。

（四）致力培育特色

充分利用学校和公安机关教学资源优势，适应区域经济发展和地方公安工作、公安队伍建设需要，形成具有学校特色的办学理念、办学风格，培育学校优势专业，提高学校专业建设水平和人才培养质量。

四、共同制订公安实战型人才培养方案的几个关键点

（一）科学确定“实战型”人才培养目标，合理设计课程体系

培养目标是构建新时期公安“实战型”人才培养模式的基础，它是对人才培养进行质的规定，体现着所要培养的人才的根本特征，是专业设置、课程体系、师资队伍建设等的前提和依据，在整个人才培养方案中起着指导性作用。[①] 它受到社会对人才类型、规格的需求及学生全面发展要求的制约，因此，要进行充分的调研论证，结合国家大政方针和公安院校招录培养体制改革精神，科学确定人才培养目标。公安执法活动具有政治优先、法律优先、纪律优先、效率优先和司职优先等原则，[②] 这就要求公安实战型人才培养要致力于培养警察政治素质、法律应用能力、刑事侦查能力、治安管理能力、警察勤务能力、武力运用能力、公文处理能力、信息应用能力、强健的身体素质和心理素质等基本能力或素质，具备开展公安工作的职业核心能力和可持续发展能力，能够适应基层公安实战机关相关业务需要的应用型人才。[③]

课程体系既包括课程设置，又包括课程结构，是实现人才培养目标和组织人才培养过程的具体安排，各专业应妥善处理好公共基础课、公安通识课、专业基础课和专业课之间的关系，根据培养目标和培养规格设置相应课程，既要符合国家有关高校育人的规定，又要突出公安实战能力和各校校局合作的育人特色。比如，国家和政府规定的大学英语、计算机、体育等公共基础课是必须开设的，但有些学校就结合校局合作和自身实际增加英模报告、访谈等课外考察、实践体验、社会调查等实践教学课时，丰富思想政治、马列主义课程教学方法；增设人文社会科学、自然科学等课程的选修课，进一步强化学生的人文素养、科学知识素养，强化学生的知识基础；加大公共基础课网络选修课程，建立公共基础课选修课程与其他高校优质课程共享机制。又如，公安通识课、专业基础课和专业课的课时比例和开课时间、顺序等均要结合公安实战能力培养进行相应的合理设计。

公安职业核心能力培养需要有针对性地进行课程设置。以侦查学专业为

---

① 李富超．新时期公安本科院校“实战型”人才培养模式的架构［J］．辽宁警专学报，2014（1）．

② 程琳．警察教育与警务执法人才培养模式新视野［M］．北京：中国人民公安大学出版社，2014：76．

③ 任克勤．探索警务实战教学模式 培养公安职业特色人才［J］．公安教育，2009（2）．

例，主要开设的专业课程有：犯罪现场勘查、侦查讯问、犯罪情报、国内安全保卫、刑事案件侦查、毒品案件侦查、经济犯罪案件侦查、视频侦查与通联分析等；治安学专业主要课程可开设：治安案件查处、治安秩序管理、情报信息基础、公安群众工作、户政与人口管理、安全技术防范、群体性事件预防与处置等；交通管理专业开设的主要专业课程有：道路交通事故处理、交通工程、道路交通控制、交通安全宣传、车辆与驾驶员管理、交通警卫、高速公路交通与治安管理等。①

要持续推动课程体系建设，以实战为导向，确保课程体系建设的动态性，紧跟工作任务变化及实战动态不断丰富、完善课程体系；要以解决问题为目标，确保课程体系建设的针对性，以岗位工作为基础，按警种岗位应具备的专业知识、履职所需的核心能力设计特色鲜明、针对性强的课程体系。具体的课程体系设计样本参考表4－1。

表4－1　课程体系结构

课程类型	内　容	建议占总课时比例
公共基础课30%左右	包括军事训练（不计入课内总学时）、军事理论、思想政治理论、大学英语、大学语文、计算机应用、体育、大学生心理健康教育、大学生创新创业等课程。其中思想政治理论课程、大学体育、军事理论等课程的教学形式分为理论教学、社会实践或专题讲座等。实践课时和专题讲座课时不计入课内教学学时。	必修课25%
	增加人文社科类选修课（含教育部规定必开的艺术鉴赏课程）。	选修课5%
公安通识课10%左右	公安工作必备的警察基本职业素养和警务技能课程。	必修课10%
专业基础课45%左右	根据培养目标和专业人才规格设立的基础理论、基本知识和基本技能课程。	必修课35%
	有利于职业技能训练的其他专业基础课程。	选修课10%
专业课15%左右	指专业主干课程（包括集中实践教学环节），体现职业核心能力，体现专业培养特色。可参照教育部2012年新颁布的《普通高等学校本科专业目录和专业介绍》、公安部2015年试行的关于《公安学类专业本科教学质量国家标准》《公安技术类专业本科教学质量国家标准》设置，一般设置5—7门。	必修课10%
	与专业培养紧密相关，前沿性、适用性强的课程，适应人才培养多元化、个性化需求，培育专业特色。	选修课5%
总计	必修课80%，选修课20%	

① 任克勤．探索警务实战教学模式 培养公安职业特色人才［J］．公安教育，2009（2）．

（二）强化实践教学环节，突出公安实战能力培养

实践教学是培养学生获得分析问题和解决问题能力的重要环节，包括军事训练、警务实战技能训练、实验实训、驾驶技能训练、课程见习、毕业实习、社会调研、毕业设计（论文）等，要确保实践教学在人才培养全过程中不断线。加强实验、实训、实习环节，实训实习的课时占专业教学总课时的30%以上。如公安类基础课、专业课理论课时与实践课时应当与《公安类专业本科教学质量标准》和《公安技术专业类本科教学质量国家标准》基本相符；公安类专业基础课、专业课，承担着相关的专业技能训练，根据课程知识模块设置课内专项技能训练和课程技能综合训练；各个专业应当将专业基础课、专业课课内技术技能实训项目和内容准确、详细列出，按教学计划实施教学和考核；可在第一学年暑假和第二学年暑假各安排2~3周到校局合作育人基地进行公安认知实习；第五学期可安排学年论文的撰写；适当延长毕业实习时间，实习前组织学生在校内进行专业知识学习和专业实训，增强实习有关准备，毕业实习分为专业实习和综合实习两个阶段；探索毕业设计（论文）双导师制（即学校教师+公安实战部门指导教师）；多种手段促进学生实践能力的提高。

（三）立足校局合作育人共同体，共享资源，培育特色

各专业应当根据区域经济社会及公安工作发展需要与公安机关、行业合作，共同开发和建设一批时代特征突出、适用性强的新课程，作为专业选修课、专业方向课开设，保持专业学习紧贴社会经济发展实际及公安工作实践。各专业要努力增加3~5门以上前沿课、专业拓展课程作为学生选修的新课程；各专业可以将实战应用课教学由学校教师和公安机关兼职教师共同实施，实践性特别强的专业实训课部分内容可安排在学生实习时间内进行教学和考核，由课程校内授课教师会同实习教官共同授课、考核；适应学生个性化发展和培养特色人才需要，专业基础课选修课与专业课选修课按模块设置，保证专业基础选修课与专业选修课形成知识、能力的递进与衔接关系，为按分类培养个性化人才提供条件（见表4-2、表4-3、表4-4）。

表 4－2　某侦查学专业课程设置与学时分配表

课程模块		序号	课程名称	学时分配			学分	学期教学周数及学时分配							
				合计	讲授	实践		一	二	三	四	五	六	七	八
								13	18	18	18	18	8	0	18
公共基础课	必修课	1	军事理论	36	24	12	2	12	12						
		2	马克思主义基本原理概论 *	48	40	8	3	40							
		3	大学生心理健康教育	32	16	16	2	16							
		4	中国近现代史纲要	32	24	8	2		24						
		5	思想道德修养与人民警察职业道德	48	40	8	3		40						
		6	计算机应用 *	40	28	12	2.5		40						
		7	公文写作	24	24	0	1.5				24				
		8	大学语文	32	32	0	2		32						
		9	毛泽东思想和中国特色社会主义理论体系概论 *	96	56	40	6			56					
		10	大学英语 *	160	160	0	10	40 *	40 *	40 *	40 *				
		11	形势与政策	32	24	8	2	4	4	4	4	4	4		
		12	创业基础	32	32	0	2								32
		13	就业指导	40	40	0	2.5		14						26
	27%		公共基础课小计	652	540	112	40.5	112	206	100	68	4	4	0	58
	选修课 7%		公共基础选修课应修 人文社科类 7 分 自然科学类 3 分 (见公选课一览表)	160	160	0	10								
公安通识课		14	治安学 *	56	48	8	3.5				56				
		15	交通管理学 *	40	32	8	2.5				40				
		16	公安法制基础	40	40	0	2.5	40							
		17	公安学基础理论 *	40	32	8	2.5	40							
		18	刑事科学技术 *	56	36	20	3.5			56					
9%			公安通识课小计	232	188	44	14.5	80	0	56	96	0	0	0	0

（续表）

课程模块		序号	课程名称	学时分配			学分	学期教学周数及学时分配							
				合计	讲授	实践		一	二	三	四	五	六	七	八
								13	18	18	18	18	8	0	18
专业基础课	必修课	19	刑法学＊	56	50	6	3.5		56						
		20	逻辑学＊	32	32	0	2				32				
		21	侦查学总论	24	20	4	1.5	24							
		22	犯罪学	32	32	0	2		32						
		23	刑事诉讼法学＊	56	56	0	3.5			56					
		24	汽车驾驶	80	32	48	5			48					
		25	经济犯罪案件侦查＊	40	32	8	2.5					40			
		26	视频图像侦查	32	20	12	2						32		
		27	网络犯罪侦查	32	22	10	2						32		
		28	犯罪心理学	40	32	8	2.5				40				
		29	行政法与行政诉讼法学＊	56	56	0	3.5			56					
		30	国内安全保卫	40	32	8	2.5				40				
		31	涉外警务	32	24	8	2					32			
		32	禁毒学＊	32	26	6	2					32			
		33	警察战术	48	8	40	3					48			
		34	徒手防卫与控制	96	6	90	6		32	32	32				
		35	武器使用	64	8	56	4				32	32			
		36	公安法律文书写作	24	24	0	1.5					24			
		37	侦查学专业导论	8	8	0	0.5	8							
	33%		专业基础必修课小计	824	520	304	51.5	32	120	192	176	208	64	0	0
	选修课	1	刑事侦查程序	24	24	0	1.5		24						
		2	中外侦查制度比较（双语）	24	24	0	1.5		24						
		3	警察公共关系	32	28	4	2				32				
		4	谎言的识别	24	24	0	1.5			24					
		5	邪教案件处置	16	14	2	1					16			
		6	现场急救	24	16	8	1.5				24				
		7	刑事特情	16	16	0	1					16			
		8	侦查谋略	8	8	0	0.5						8		
		9	侦查指挥	8	8	0	0.5						8		
		10	严重暴力犯罪现场处置	16	12	4	1				16				
			专业基础选修课小计（可供选）	192	174	18	12	0	48	24	72	32	16	0	0
	8%		专业基础选修课应修	192	174	18	12								

（续表）

课程模块		序号	课程名称	学时分配 合计	讲授	实践	学分	学期教学周数及学时分配 一	二	三	四	五	六	七	八
								13	18	18	18	18	8	0	18
专业课	必修课	38	犯罪情报学 *	40	30	10	2.5				40				
		39	犯罪现场勘查 *	56	38	18	3.5					56			
		40	侦查措施 *	56	40	16	3.5					56			
		41	预审学 *	56	40	16	3.5					56			
		42	刑事案件侦查 *	64	44	20	4						64		
		43	侦查学综合训练	32	0	32	2							32	
	12%		专业必修课小计	304	192	112	19	0	0	0	40	168	64	32	0
	选修课	1	有组织犯罪侦查	16	16	0	1				16				
		2	恐怖犯罪与对策	16	16	0	1				16				
		3	各类案件的预审	16	14	2	1					16			
		4	刑事科学技术（含法医、文检、法化）	48	36	12	3					48			
		5	通联侦查	16	14	2	1						16		
			专业选修课小计（可供选）	112	96	16	7	0	0	0	32	64	16	0	0
	4%		专业选修课应修	96	82	14	6								
课时统计			必修课合计	2012	1440	572	125.5	224	326	348	380	380	132	32	58
			必修课周均课时					17	18	19	21	21	17		3
			总课时	2460	1856	604	153.5								
体能训练			自主训练为主，通过学校体能测试，获得2学分				2								
创新创业与素质拓展			凡在校期间开展创新实验、课题研究、发表论文、参加竞赛、发明专利等情况，可折算为相应学分，累计不得低于6个学分				6								
集中实践环节		1	入学教育与军训	5周			5								
		2	劳动	1周			0.5	√							
		3	毕业实习	30周			10						√	√	
		4	毕业论文	8周			4								√
		5	毕业教育	1周			0.5								√
			集中实践环节小计	11%			20								
学分统计			实践课程总学分小计	36%			65								
			总学分				181								

表 4-3　侦查学专业课程设置一览表

学期项目	考试科目	考查科目
第一学期	马克思主义基本原理概论、大学英语 1、公安学基础理论	大学生心理健康教育、公安法制基础、侦查学总论、军事理论 1、侦查学专业导论
第二学期	大学英语 2、计算机应用、刑法学	军事理论 2、中国近代史纲要、思想道德修养与人民警察职业道德、大学语文、犯罪学、徒手防卫与控制 1、就业指导 1、刑事侦查程序、中外侦查制度比较
第三学期	毛泽东思想和中国特色社会主义理论体系概论、大学英语 3、刑事科学技术 1、刑事诉讼法学、行政法与行政诉讼法	汽车驾驶、徒手防卫与控制 2、谎言的识别
第四学期	治安学、交通管理学、逻辑学、犯罪情报学、大学英语 4	武器使用 1、公文写作、犯罪心理学、国内安全保卫、现场急救、徒手防卫与控制 3、警察公共关系、有组织犯罪侦查、恐怖犯罪与对策
第五学期	经济犯罪案件侦查、犯罪现场勘查、侦查措施、预审学、禁毒学	涉外警务、警察战术、公安法律文书写作、武器使用 2、邪教案件处置、刑事特情、各类案件预审、刑事技术
第六学期	刑事案件侦查	形势与政策、视频图像侦查、网络犯罪侦查、侦查谋略、侦查指挥、通联侦查
第七学期	侦查学综合训练、毕业实习	
第八学期		创业基础；就业指导 2

表 4－4　侦查学专业课内实践教学一览表

序号	课程名称	总学时	实践学时	实践内容			教学安排
				实验	实训	其他	
1	侦查学总论	24	4			案例讨论	4
2	犯罪情报学	40	10		情报收集		2
					情报整理		2
					情报系统与检索		2
					情报分析		2
					情报应用		2
3	犯罪现场勘查	56	18		模拟现场勘查		12
					绘图		2
					笔录制作		2
					受案及现场保护		2
4	侦查措施	56	16		调查询问		2
					侦查辨认		2
					侦查实验		2
					跟踪盯梢		6
					强制措施		2
					通缉		2
5	预审学	56	16		杀人案件模拟讯问		4
					盗窃案件模拟讯问		4
					抢劫案件模拟讯问		2
						讨论	4
						分析案卷	2
6	刑事案件侦查	64	20			杀人案件案例分析	4
						盗窃案件案例分析	4
						抢劫案件案例分析	4
						诈骗案件案例分析	2
						强奸案件案例分析	2
						检查案宗	4

（续表）

序号	课程名称	总学时	实践学时	实践内容			教学安排
				实验	实训	其他	
7	视频图像侦查	32	12		视频调取		2
					视频追踪		2
					视频分析		2
						视频图像内容讨论	2
						视频侦查方法讨论	2
						视频侦查综合案例讨论	2
8	经济犯罪侦查	40	8			侦防机制与走私案件案例讨论	2
						金融票证案件案例讨论	2
						逃税案件案例讨论	2
						商业贿赂案件案例讨论	2
9	网络犯罪侦查	32	10			网络犯罪现场证据收集	4
						网络犯罪现场侦查实验	2
						网络封包截获技术	2
						电子证据的收集	2
10	涉外警务	32	8		通行证申请		6
					案件查处		2
11	国内安全保卫	40	8			案例讨论	4
						专题讨论	4

第二节　共同开发课程

一、课程：人才培养质量的核心保障

（一）课程内涵

课程是一个内涵丰富的概念，至少可以从狭义、中义与广义三个层面来理解。①

狭义的课程，是指为学生所开设的某一门科目，有时称为学科课程。这

① 张楚廷．高等教育学导论［M］．北京：人民教育出版社，2010：288－289．

虽是狭义的说法，但却是人们常用的说法，口头上、文字上都如此，如英语课程、计算机课程、射击课程、擒敌课程等。

中义的课程，是指教学内容，不论什么教学内容都被纳入课程概念之下，并不一定指教科书。大学里，有些课程只有讲义，有时连讲义也没有。有教科书，有讲义，教学进行时也可超越其范围而仍然属于教学内容。康德讲授过教育学，事后，听讲的学生林克根据记录整理出来，这部《教育学》至今已逾两百年，是教育学作为课程首进大学课堂。可以说先有教科书，也可以说没有教科书，却有内容。教学内容从更实质的方面反映课程概念。

广义的课程，是指学生从学校习得文化之总和。这就不单是指课堂教学内容，而是从学生习得的各个方面来看，也许有教师讲授过的，也许不一定是讲授过的；也许是从书本上获得的，也许是从学校各种文化中获得的。这是将教学内容作了更宽泛的理解。

还有一种理解就是把教学内容展开的进程也考虑进去，课程安排、课程计划等均在列。课程的“程”字表现了这一点。在英语里，既可以是“curriculum”，也可以是“course”，后者即有过程之意。

课程作为基本元素而构成专业，从某种程度上，课程比专业更重要，高校因为拥有课程而拥有设置专业的能力；高校因为拥有众多的且结构优良的课程而拥有因学科和职业变化所需设置新专业的组合能力。例如，一个好的高水平的专业，直接取决于高水平的课程，并且还与课程结构有关；同样名称的专业，不同大学办得之所以不一样，主要就在课程开发与优化的情况不一样，专业特色就是靠课程来做文章；课程较专业具有更大的开放度、灵活度，甚至在某些方面不受专业的约束，有些求学者可能只求学习和研习某些课程而已而不是专业；大学课程不断接纳新生的东西，并依开放而不断扩张等。

课程的考虑不仅与学科、职业的演变因而导致专业的演变相关，还有一个根本点，即对人的发展相应地对社会发展的考虑，也深深影响到课程的设置。

由于我国高校传统上基本是单一的学术性精英教育，众多高校的课程设置从理念、培养方案、教材到实施及评价都是精英教育模式的产物，由于惯性的思维方式和教育体制，我国目前正在大力建设的应用型高校大多依然难以摆脱学术型教育的一贯做法，未能真正按照社会人才结构和人才市场需求来培养人才。

（二）课程建设是提高教育质量的核心环节

任何教育的最终效果都取决于直接面对学生的课程建设和实施过程，高校向社会提供各种专业，按专业培养人才，但高校向社会提供的基本“产品”是课程，高校课程不仅表现在门类繁多、门数众多的量上，还表现在它的高深性、专门性和开放性上，高水平高校往往就是一个“课程的超市”，而比较差的高校很可能呈现“课程供应不足”，因此，课程建设是提高当前高校教育质量的核心环节。我们说更好的大学，也可以说就是能提供更好课程的大学。① 人才培养质量虽是一种高度社会化的活动，但最终都要落实到与人才培养密切相关的课程上。实际上，是由课程来体现专业性质的，不同的专业就由不同的课程构成，可以说一个专业就是一个课程集。每到历史的关键时刻，课程改革总是让一些高校声名鹊起，让一些老牌大学屹立于名校之列；同样，有些学校也因课程改革滞后而埋没，课程革新常成为高校创新的生命线。

例如美国大学，一方面因为在选修课上的杰出贡献而独树一帜，另一方面因为各种特色课程的设立而为世界推崇。选修课由柏林大学洪堡首倡，而后经过一批大学校长，包括康奈尔大学校长怀特、哥伦比亚大学校长巴纳德、斯坦福大学校长约登、哈佛大学校长艾略特等的有力推动，选修课程的概念和制度逐渐扎下根来。选修课及其制度的建立不仅使美国受益匪浅，也为促进成为世界大学的领头羊奠定了基础。美国课程专家说，选修制引发了大学课程与课程之间的竞争，扩大了课程的范围和种类，增强了课程的灵活性和丰富性，使专业课程向更高的水平发展，促进了大学教师的专业化发展和新的学术氛围的形成，实现了对学生学习自主权的尊重。选修制的推行在一定程度上决定了美国20世纪的大学课程改革的进程，成为20世纪课程改革的基础；甚至20世纪30年代出现在哈佛大学的核心课程改革也是为应对选修课程过多过泛而采取的改革措施。选修课程成为大学不断推出新课程的重要方式。

另外，美国各大学则因为各具特色的课程改革而声名鹊起。曾任哈佛大学校长的博克首创了核心课程概念，经过20多年的建设和完善，核心课程成为哈佛大学的标志，引领了当代美国大学课程改革。进而成为很多大学仿效的对象，使哈佛大学从众多的名牌大学中脱颖而出，跃居前列。耶鲁大学校长施密特按照“人文科学教育解放了人的个性，培养了人的独立自主的精神”的理念建立了“使人文科学、社会科学、自然科学在人文的统领下融合的课程”。芝加哥大学校长赫钦斯在批判大学课程的功利主义和实用主义的基础上，倡导永恒主义课程理论，使之成为当时新的大学课程流派，并影响了美国大学课程的改革。威斯康星大学校长范海斯提出大学“为社会服务”的新

---

① 张楚廷. 高等教育哲学［M］. 长沙：湖南教育出版社，2004：298.

职能，强调大学课程为本地区经济和社会发展服务，为社会培养实用型、技术型人才，进一步推动了科学课程、职业课程、专业课程迅速进入大学课堂，且占据了课程体系的核心位置，这一“实用性课程”改革使美国大学异军突起。

英国开放大学是世界远程教育的先驱，奉行开放教育对象、开放教学时空、开放教学方法和开放教育理念的“四开放”原则对世界远程教育的发展具有非常重要的影响，也对整个高等教育的开展提供了可利用的经验，其核心因素就是课程体系的设置以及学习方式等的革新，它建立的新的课程模式、学习方式都成为当代课程改革的先驱。

板块式课程是英国开放大学的一个创新。它是将一个专题或相对一致的内容作为一个“组块”，由一些章节组成单元。这种课程有很大的灵活性，适用于现代远程教育学生的学习。英国开放大学把编写出这样的课程作为办学的首要条件和保证教学质量的基础。适时更新教材内容是开放大学教材建设的重要特征。开放大学经常采用活页教材的形式随时更新与充实教材的内容，保证了最新科学技术进入教材。在此基础上，英国开放大学还规定，所有课程的使用年限为 8 年左右，并且每 3 年进行一次重大的修改。这些都保持了英国开放大学课程的先进性，而且其网络教材的形式也使得变革更具有灵活性。

这种开放式远程教育的成功带动了整个高等教育的改革，引领了当代课程的改革视频化、网络化、远程化，“开放式课程”已经成为各名校展示自身实力、树立学校特色、吸引学生介入、督促教师关注教学质量的重要手段。目前我国精品课程的视频化、网络化已经开始，紧接着将是各级各类优质课程的视频化、网络化。课程从相对封闭的空间走向开放，触及课程地位的进一步彰显，进而涉及课程模块、科目、内容、教学过程设计的整个课程体系的建构。可以预想不远的将来，要切实了解一个学校，将主要不再靠媒体的宣传、简单大学排名或各种大学推介会，而是靠实实在在的看得见的网络课程，也促使人们的选择更加理性化。网络课程的形成将更凸显课程的核心地位。

此外，蔡元培在北京大学历史上最出彩的一笔也与课程改造有关。他的“兼容并包、思想自由”的大学理念不仅将近代自然科学课程系统引进中国大学，而且在中国大学首开美学课程和人文地理课程；为了开设东方哲学课程而聘来梁漱溟，为了开设自然科学课程引进了李四光、丁文江等大批留学归来的著名学者。

大学的每一次改革都以课程改革为最终推动力。课程改革对于大学来说是永无休止的过程，是大学保持领先地位的关键，也是教育与社会相交融的途径，因此，各大学都把课程建设看得无比重要。

二、校局合作开发课程的基本理念：学术并举，以术为先

在高等教育发展的历程中主要形成了两种传统的课程理念，一种是理性主义的，另一种是功利主义的。前者注重高深学问本身的价值，后者则注重高深学问的社会功用。长期以来，尊学与理性主义“联姻”、崇术与功利主义结合。[①] 理性主义课程理念遵循典型的“学科本位”课程体系设计思路，并按照学科的逻辑体系组织编排，以掌握知识为重点，而并不着重专业应用能力的培养，目标是把学生培养成优秀的学术人才。功利主义课程理念关注学生知识的掌握和实践能力的养成，课程内容的选择要根据生产或服务的现实需要，强调学生的实践活动，理论知识的学习服务于学生实践能力的需要。一般认为，传统大学或研究型大学倾向于理性主义，职业技术高校倾向于功利主义。

但就应用型高校而言，人才培养既要求具备足够的学科知识素养，同时又强调人才的专业应用能力，因此应用型高校开发课程应遵循应用型高校课程体系开发思路，坚持“学术并举，以术为先”，即一方面从专业为社会服务所需的知识能力出发设计较宽的基础理论课程，确保基础理论知识“必需、够用且有潜力”；另一方面要强化应用能力或实战能力的培养，要将应用能力作为专业课程体系开发的起点和重点，以“用”导学，以“用”促学，专业应用能力的特征指标转换成课程体系、内容，要围绕应用能力设置理论课与实践课。

公安高校的应用型办学定位和人才培养目标决定了其课程开发要从提高学生的公安实战能力出发，要突出实战对警察基本素质和能力要素需求的调查与分析，着力于对学员的知识、能力、素质结构进行调整，构建并优化“以公安实战工作任务为导向，突出核心能力培养，实现教训战一体化”的课程体系，妥善处理好传授知识、培养能力、提高素质三者之间的关系，精选教学内容，基础理论教学也要以应用为目的，以必需、够用为度；专业教学既要掌握必需的专业知识，使学生具备较强的可持续发展能力，又要针对目前和今后一段时间内公安工作的实际需要，加强针对性和实用性，突出实战能力训练。此外，从当今实战需求的角度出发，还应与时俱进，开拓一些新的课程，起到紧跟实战、引领实战的作用。

---

① 和飞．地方大学办学理念研究［D］．华中科技大学博士学位论文，2005：54.

三、校局合作开发课程的常见路径

（一）合作开发课程资源

课程资源是实施课程的背景和条件，它种类多种多样，按空间可分为校内资源和校外资源，按功能特点可分为素材性资源和条件性资源，根据物理特性和呈现方式可分为文字资源、实物资源、信息资源和活动资源，根据存在方式可分为显性资源和隐性资源，根据性质可分为自然资源和社会资源等。但归根结底，人是其中最重要的课程资源，鉴于本书后面还要专门论述校局合作师资队伍建设，本部分主要就除教师和教官等师资队伍建设之外的课程资源开发做一阐述。就校局合作育人实际而言，除常规论述较多的基地共建、信息互通、设施共享外，可着重加大以下课程资源开发力度：

一是典型案例的选择与加工。案例所反映的人类活动是课程资源最原初的形式，校局双方精心选择案例是开发课程资源的最重要途径之一。可以说，公安实战中的案例不可胜数，若要合作开发案例用于课程建设之中具有天然的优势。但能用于课程资源开发的案例既要包含实际生活中的事实，也要内含丰富的知识和学术信息以及有利于应用能力的培养。具体来讲，一个好的案例应该至少具有以下特征：（1）案例具有真实性，它源于真实的生活，不是杜撰的“事实”，也不是抽象的、概括化的理论中演绎出来的虚拟材料，这使它区别于一般的习题、试题等学习资料。（2）案例具有完整性，其中还有疑难问题。它要反映出事件发生的时间、地点和背景，还要反映事件发生的整个过程，有完整的情节和内在的冲突，有时还需要有相关人员的评论，这使它像一个故事一样具有吸引力。（3）案例在同类事件中具有代表性，案例中最好有一些统计数字，数字化的材料更容易引导学生探究问题。（4）案例必须有一个中心论题，使学生把注意力集中在这一生动有趣的论题上。因此，教师和教官首先要从现实中选择合适的相关案例，形成案例库或编写案例教材。实际上在公安工作领域，大量的案例被存放在档案室或资料室里，目前还比较缺乏存放案例的平台或案例数据库，教师或教官是需要花费相当多时间才能寻找到好的案例。其次要根据案例的特点进行相应深度加工，如案例的分析与点评、构建某一知识领域中的概念与理论思维模式以及形成解决问题的技能、选择怎样的教学方法等，要努力促进学习者在接触案例后实现角色、期望和责任方面的变化，不只是案例场景中的旁观者，而是一个与案例文本的对话者；学生通过学习真实的案例去获得鲜活的知识并体验到思想的力量和思考的乐趣，激发学习的兴趣。

二是加大公安网络资源的合作开发与利用。由于公安网络的涉密性，目前公安机关的运行网络同学校尚未有效对接，成为公安院校积极利用公安网络资源用于公安实战教学的一个明显的制约因素。而众所周知，由于信息化和互联网技术的推进，公安网络上的资源日益丰富。不仅有各种操作平台、业务专区、应用导航、实战指导、警务资讯、各地警务、视频点播、舆情通报、一线传真，还有法律法规，公安规章、公安文件、公安简报、学习园地、调查研究、他山之石、警营文化、队伍建设、警界英雄、卫士风采、新闻宣传、互动交流等，既是办案工作平台，也是学习交流平台，也完全可以成为公安实战型课程资源开发的重要平台。

三是加强科研项目的合作与转化。科研必须为现实服务，公安工作实践性很强，客观上更要求公安科研密切联系公安工作实际，校局合作科研既有利于发现公安工作中的新问题，也有利于成果的推广应用，是双赢的好事情。但科研成果不仅具有经济效益和社会效益，也应该具有内在的教育价值，校局双方应用教育学的思维方式把彼此合作科研的成果及时转化为课程资源。首先，要出台政策大力培养科研力量，鼓励校局合作科研与资源转化。鉴于校局合作初期，学校领导必须进一步提高对合作科研的认识，定期研究，并建章立制，加大投入，支持合作科研。其次，要引导对实战经验的提炼和对策研究。长期的执法实践使公安实战部门是一座积蓄经验的“富矿”，但亟待校局合作研究者去进行规律总结和策略研究，以便将其运用到公安实战和课程教学之中。最后，要及时转化为课程资源。科研成果转化为课程资源需要教育学的思路，需要教师在依据教材教学的同时要超越教材，注意结合科研前沿反映学科领域最新动态，缩小“高级”知识和“低级”知识之间的差距；结合科研中的真实问题，培养学生的问题意识，学会探究并适时参加一些研究活动；结合科研基本程序，介绍科研基本方法，拓展学生视野，增强学习情绪体验，激发学习热情。

（二）合作教材建设

教材建设是公安高等院校三个基本建设（师资建设、教学设施建设、教材建设）之一，教材建设水平的高低直接反映了教学、科研水平的高低，直接影响着人才培养质量的提高和教学目标的实现。① 但目前公安高校教材建设存在部分内容滞后，针对性、实用性不强，特色不鲜明等不足。② 校局合作可以在以下方面加大教材建设。

一是在教材的实践性上树特色。要充分体现“教、学、练、战”一体化公安人才培养模式改革要求，增加程序性、操作性、实践性知识模块和训练

① 李敏．公安立体化教材建设探析［J］．上海公安高等专科学校学报，2016（6）．

② 张兆端．公安院校教材建设的问题与对策［J］．公安教育，2013（1）．

模块。美国著名心理学家安德深认为，问题解决机能的获得是通过陈述性知识向程序性知识的转化实现的。程序性知识是关于“怎么做”的知识，它主要涉及概念、规则、原理的理解和应用，解决问题的技能、方法及策略的形成，以及行为和情感体验等。在公安教材的编写上搞好配套，既有主干教材、理论教材，又有教学训练大纲、案例教材、实验教材，从而构成完善的公安理论知识与技能训练教材体系。在教材编写队伍上按照校局合作、理论与实践结合的原则，建立健全由一批学科带头人、专业教学骨干、公安实践部门专家组成的教材编写人才库，逐步建立教材编著准入制度，适度抬高教材编写者的门槛，确保教材编写的质量。

充分发挥公安实战部门图片、声音、视频、资讯等资源非常丰富的特点和优势，积极利用现代技术，立体化呈现教材内容。在呈现方式上，既有文字、插图等静态媒体形式，也有动画、声音、视频等数字资源媒体形式；在产品形式上，既有文字教材、教学辅导、试题库等传统表现形式，也有电子教案、自学课件、素材库、工具软件等新型表现形式；在存储与传递媒介上，既有纸质印刷、录音录像带、DVD 等媒介，又有硬盘、U 盘、网络服务器等媒介。这样发挥不同媒体的特点，可以实现优势互补。例如，纸质教材便于学生阅读；电子教案便于教师的课堂教学；CAI 课件用动画和模拟仿真等技术讲解课程中的难点和重点，便于学生理解课业内容、组织课后复习；电子图书可以解决教学资源的携带和存储问题；试题库提供的在线测试、自动阅卷和评价功能可以提高教学质量评价的客观性；案例库能使师生方便地检索、浏览和下载典型案例。立体化教材充分利用了不同媒体的特点和优势，使其互相补充，从而共同作用推动教学质量的提高。

（三）合作优质课程、前沿课程建设等

根据国家当初建设的规定，精品课程是指“具有一流教师、一流教学内容、一流教学方法、一流教材、一流教学管理特点的示范性课程”，后来不断发展出精品资源共享课、精品视频公开课等，实际上就是优质课程的不断升级与发展。那么从优质课程建设实践来看，准确定位课程目标是优质课程建设的重要基石，深化课程内容体系改革是优质课程建设的核心内容，构建完善的实践教学体系是建设优质课程的关键，现代化教学方法与手段是建设优质课程的前提条件，加强课程团队建设是优质课程建设的保证，对公安院校而言，培养目标非常明确，课程内容特色比较鲜明，实践教学体系比较完备，双师型教学队伍也易形成，因此，校局可以在优质课程建设方面展开合作，实现更好共享，产生更好效益。

防范打击犯罪、维护公共安全，是公安机关的主业，也是公安工作能力水平最直接的体现。随着社会急剧变化与发展，互联网已经融入社会生活的方方面面，深刻改变了人们的生产和生活方式，经济金融犯罪风险、涉恐、涉暴、涉毒等新型犯罪不断对公安工作提出新挑战，全国公安机关不断深入推进社会治安防控体系建设，全面落实各项打防管控措施，扎实推进、锐意进取，围绕维护国家安全和社会稳定这个大局，不断开创历史新篇章。这当中既有最新科技创新在公安工作中的应用，也有公安制度和公安主体的创新，均代表着公安技术与方法的最新发展和最前沿领域，非常值得学校和公安机关合作开发出相应系列的前沿课程，并运用到公安实战型人才培养当中去。若一时还不够完善，也可以采取专题讲座、学术研讨、项目研究等方式开发出最具前沿性的课程资源。

当然，高校课程开发的重任主要落在教师身上。高校面临不断开发课程的使命，以越来越优质的、先进的课程提供给学生，提供给社会；而这一使命主要就落在教师身上，课程是基本供应品，而其生产者就是教师。高校教师的学术品质决定了高校课程的品质。

高校课程的高深性、专门性从哪里来？教师高深而专门的学问从哪里来，其高深的程度取决于教师学问的高深度，教师的开发课程的能力直接取决于其学术研究、学术水平及相关成果。一位教师在发表了十篇左右有相当水平的学术论文时，开发一门课程便有了坚实的基础；甚至一两篇高水平论文就可以以此为基础开发出一门课程，而一部学术著作就可能开发出一门新的课程来。毫无疑问有众多学术成果的教授能开发出数门课程来。

高校课程除高深性、专门性之外，还极具开放性。高校课程，即使同一名称下的课程，其内容可以有很大差别；即使稳定性很强的基础课，其内容也常常更新。高校对新增长、新涌现出来的知识的高度敏感，其表现之一就是以课程的方式让其进入高校的正式日程。由此，高校课程事实上具有无限的开放度，也正是课程的开放性体现出高校的优越之处。

并且，由学术著作变为课程也还需一些条件。作为课程的教材与作为学术论述的著作性质上是有差别的，这种差别对于博士生而言小一些，但对于本科生，教科书需要顾及学生的基础，需要一定的逻辑将主要的基本知识与主要的学术观点串联起来，并符合认知心理发展的一般规律。所以，除了学术本身之外，将学术著作开发为课程尚需对心理学、教育学有一定的了解或者实际的感悟，仅仅只靠学术往往是不够的。一部好的教材是学术水平和教学水平共同决定的。一部好的教材本身也还有其特殊的学术价值，至少会带来某种系统化。

而这一切均需要高校教师的与时俱进、及时研究并加以开发与利用，才能不断建设好新的课程。

附件一：

湖南警察学院实战前沿课程建设管理办法

（湘警院通〔2017〕22号）

为落实我院人才培养目标，满足应用型人才培养需要，建立学院与公安机关、企业、行业协同合作育人机制，推进我院实战化教学改革，发挥学警总队在警务人才培养中的重要作用。学院拟分期分批建设实战性强、反映公安工作或与我院开设专业紧密相关的其他工作领域、行业实战前沿技术的特色课程。

一、实战前沿课建设目标

（一）丰富学院课程资源，有助于学生掌握和了解专业领域实战前沿技术，满足应用型人才培养需要。

（二）充分利用公安机关，企业、行业的资源、信息与人才优势，使学院人才培养满足公安机关和企业、行业需要，更好地服务地方经济与社会发展。

（三）有利于创新型、复合型人才培养。

（四）课程内容丰富、专业覆盖广，设置灵活、开出率高，受到学生欢迎。

二、实战前沿课建设办法

（一）每年学院建设5门实战前沿课程。已经建设的实战前沿课实行淘汰制，对于已经不再具有实战前沿性质的课程，或对内容进行调整或淘汰。

（二）实战前沿课程申报程序

1. 每年3月初，各系部填写申请，申报实战前沿课程。

2. 每年3月中旬，由教学工作委员会审议，决定当年建设的实战前沿课程。

3. 每年3月下旬至6月，前沿课程开展具体建设，制定教案、教学软件。

4. 每年7月初，根据《湖南警察学院实战前沿课程验收标准》（附件），对新建前沿课程进行验收检查，验收合格方可开课。

5. 每门课程资助建设费0.5万元。

三、实战前沿课程建设要求

（一）课程反映当前公安工作领域或相关行业最新的实战技术，或是反映行业、领域发展的最新态势。

（二）课程由民警、企业人员开发或是民警、企业人员与院内教师共同开发。课程从内容到形式都应具有较高水平。

（三）课程内容安排为3—5个具有逻辑联系的专题讲座。

四、前沿实战课程应用

1. 每年9月新建实战前沿课开课供学生学习。已开发的课程由教务处统筹安排全年开设。

2. 学院与课程开发民警签订3年以上合同，聘请课程开发民警、企业人员为院内授课教师，课酬按讲座金额计发。授课期间食宿由学院统一安排。

3. 学生每修完一门实战前沿课程，考核合格后，计选修课学分1分。

附件二：

派出所实战岗位导向的专业课程组织应用①

1. 依据派出所实战岗位设置的主要课程人口管理、治安管理、案件查处、安全防范、群众工作等构成了公安派出所工作的基本内容。当前，上海公安派出所主要有社区警务、治安管理、巡逻警务三个主要岗位，依据公安派出所实战岗位，“工作任务为牵引——基于工作过程——突出岗位核心能力，以派出所实战岗位为导向”，围绕“知识、技能、态度”，相应设置以下主要课程（如附图），如此，以职业能力为主线辅以必需的理论知识，较好地解决了职业教育应具有的鲜明职业性的问题。

① 汪强．基于实战岗位导向的治安管理专业（派出所方向）课程组织研究——以上海公安高等专科学校校局联动为例［J］．公安教育，2016（2）．

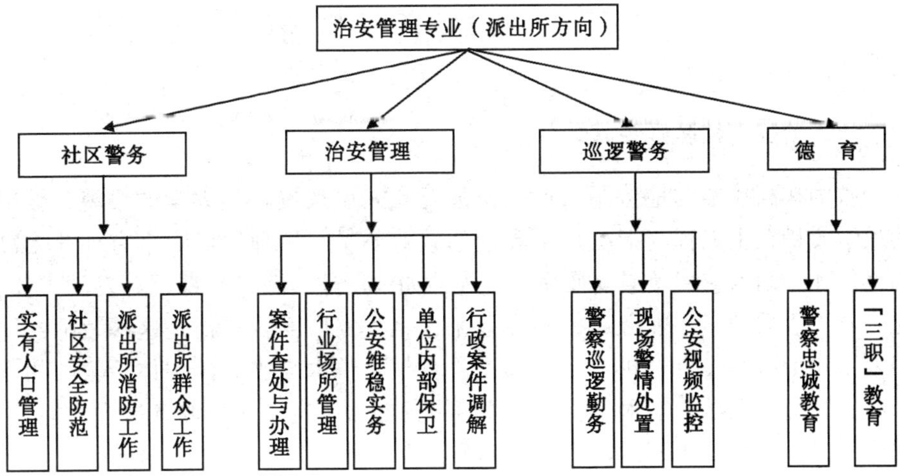

2. 设计实战岗位导向的模式

(1)“三段式”的模式。“基于工作过程——突出岗位核心能力”在实习阶段安排，建议采取“三段式”的模式：初段（体验式实习）—中段（专项业务实习）—末段（毕业综合实习），把课堂搬到派出所（综合战斗实体），并在不同岗位进行轮流训练。对于体验式实习比较适合初入院校的新学生，主要培育警察角色意识与警务理念。经过一段时间在校学习后，进入专项业务实习，主要侧重于运用治安管理专业知识与理论分析解决实际问题能力和业务操作技能的培养。毕业综合实习主要依据派出所实际工作任务，学生按照教官给定的教学目标实施若干“具体岗位完整的工作任务”，所不同的是任务的操作的复杂程度和知识运用的综合度提高了。

(2)“1+N”的模式。在派出所实习，实践中可采取“1+N”的模式，“1”：一名驻点教官，主要职责除承担一门主要课程外，在学生实习期间主要驻在学生派出所实习点，加强对学生的日常管理和政治教育，将德育融入管理，同时加强与所在派出所负责人的沟通与协调工作。“N”：根据派出所的不同岗位由学校派出若干教官教师承担相应课程，到派出所进行现场教学，同时派出所安排若干带教民警在实际工作中进行现代“师徒制”的具体业务指导。

第三节　共同培养师资队伍

一、公安高校教师现状

教师在高校中的地位不言而喻，甚至有人说教授就是大学的灵魂，教师的教学质量在很大程度上决定了高校的教育质量。教师何以应享有如此崇高的地位呢？因为它肩负崇高使命。首先，如前所述，教师是课程开发的主体，先有若干位教师，才能办起一个专业来，就其实质而言，正是这些教师共同带来了一个课程集合体即专业。其次，教师是学术与服务的主体，教师的学术品质决定了大学的学术品质，教师的服务能力决定了大学服务社会的能力。因此，对公安高校而言，教师队伍的质量和水平也就决定了其培养公安实战人才的质量和服务公安实战的水平。但目前公安高校中的师资队伍尚面临不少问题和挑战，直接制约着公安实战型人才的培养规格和质量。

教师来源相对单一。《教师法》明确规定，取得高校教师资格应当具备研究生或者大学本科学历。《普通本科学校设置暂行规定》指出，普通本科学校的专任教师中具有研究生学历的教师占专任教师总数的比例应不低于30%。随着对本科高校设置相关规定的出台，以及近年来研究生招生规模的不断扩大，大量毕业于高校的具有研究生学历的青年教师直接进入公安高校，公安高校教师的学历层次提升迅速，公安高校教师中具有研究生学历的比例逐年攀升。但“教师学历层次的提升并非简单昭示着应用型本科教师专业素质的提高”，公安高校作为应用型高校，教师专业素质的要求强调“具有丰富的行业专业实践经历”和“应用能力”，而从“校门到校门”的青年教师虽学历较高，但实践经验严重缺失，导致其应用型教学经验和能力匮乏，胜任应用型人才培养有难度。并且上述教师向应用型教师转变也存在较大难度。从研究型高校毕业的青年教师往往容易带着研究型思维习惯对待教学与研究，一时很难主动向“应用型”转变；而老教师所面临的在旧式框架中实现新型模式的转换，难度更大；加之应用型人才培养尚处于探索和研究阶段，整体缺乏氛围和相关配套支撑，直接制约着应用型教师的成长与发展。①

公安实践部门人才到公安高校任教有难度。公安实战性很强，特别重视警务机制改革和科技创新在公安工作中的具体应用，要培养对接实战的公安人才，客观上需要大量的公安实战专家到高校任教。但目前国家虽然出台了

① 潘懋元．应用型人才培养的理论与实践［M］．厦门：厦门大学出版社，2014：171.

一些方针和政策，鼓励校局合作，但在制度层面配套支持力度不够。如在高校教师资格认定、职称评审、身份转换等方面还都无法实现民警和公安高校教师两方面的自由转制，公安民警工作本身繁重，较难协调好“工教研矛盾”，高校与公安机关存在的大多数流动是单向的学校教师到公安机关挂职、调研、实习等，反之民警到学校专门任职则有较大难度，大多只能以兼职身份甚至临时聘请的身份出现在高校。这对公安专业某些实战性极强的课程开设极为不利，缺少了实践领域专业人才的教学牵引作用。

二、公安实战型人才培养对师资队伍的要求

（一）以应用为核心的知识结构

公安实战型人才培养的特殊性，决定了公安高校教师知识结构的特殊性。其教师在专业上虽不必具有研究型大学那样高深尖端的理论知识，但也强调其学科专业基础知识的宽厚和扎实，强调知识的综合性和适应性。必须在专业基础知识之外，还需重点掌握公安专业实践知识或公安行业领域知识。如必须掌握公安行业领域的实际情况，包括公安行业的现状表现、特殊要求、发展趋势以及对人才的需求，行业岗位的知识、能力与素质要求等。

（二）以“双师型”为基本要求的能力结构

从能力要求看，高校教师都要具备必要的科学研究能力与教育教学能力，这是高校教师的两大主要职责与工作。但公安应用型高校教师在加强理论能力提升的同时，更应强调公安实践能力的锻炼与提高，利用高校与公安行业之间信息共享的关系平台，深入公安行业进行兼职，接受公安实战培训，提高实践能力，要以“双师型”为基本要求，构建教师的能力结构。相较于其他高校，公安高校更要强化实践教学，其教师必须具有较强的实践教学能力，必须成为“教师” + “警察”的双重身份，才能指导学生进行教学实践，培养学生的动手能力。实践教学包括实验、实习、社会实践、第二课堂等活动。比如实验教学，除验证性实验外，要求加大综合性、设计性实验的比例，这就要求教师具有综合设计能力。如果教师不具有相应职业或行业的实践操作能力，就不可能指导学生进行实践活动，就不可能提高学生动手操作能力，也就培养不出应用型人才。

（三）以奉献精神为导向的道德结构

师德是教师从事教育工作所遵循的行为规范和必备品质，它体现着社会和人民对教师的希望和要求。[①] 公安院校教师的职业道德结构，除了其他普通

① 潘懋元，车如山．做强地方本科院校的理论与实践研究［M］．北京：高等教育出版社，2016：189.

高校教师共同具有的思想品德和职业道德以外，应更加注重奉献的精神。公安高校主要属于应用型的特性决定了教师既要完成繁重的教学任务，也要开展相应研究，还要不断提高自身应用能力，这就要求他们不断加强理论学习、获取新兴的公安实用性知识，同时要经常深入公安实际，紧密结合公安实践，提高分析问题、解决问题的公安实践技能，这就需要他们付出更多的时间、精力，往往是无法用报酬、待遇去衡量或补偿的，需要奉献精神的支撑。

三、校局合作培养师资的重点

（一）公安高校教师

对公安高校教师而言，由于其自身知识结构和能力结构的特点，决定了校局合作要重点提升其应用能力、加强其行业性知识和地方性知识以及培育其创新性精神。

应用型人才培养强调专业应用能力的培养，在进行专业教育的过程中，教师在讲授专业理论知识的同时，还要具有专业知识运用到实际中去的能力，才能培养学生的专业应用能力。教师的专业应用能力首先应该对专业应用到实际中产生的问题有所了解，其次是具有解决这些问题的能力。这就要求教师能够经常深入专业一线，了解现实状况，掌握实际需要，开展应用研究，主动服务社会，不断提高应用能力。例如，刑侦教师要深入办案现场，了解视频、图侦、大数据分析等最新手段的运用；治安学教师要多到派出所或社区了解基础信息采集、情报数据平台应用等；法律教师要与公安法制、监管等部门多交流，了解当前执法规范化建设一系列改革举措。教师要根据公安工作动态、专业特点来开展针对性较强的科学研究，通过学校产学研结合的特色平台，参与实践教学基地建设和与公安行业研发的合作活动，积极从事应用研究，提高应用研究的层次与能力；与公安行业部门合作，争取更多的横向课题，将应用型研究纳入整个人才培养过程中，将研究成果转化为教学内容，让更多的学生参与到课题研究中，以此提高学生的专业应用能力；教师不能成为只埋头做学问的书斋式学者，而应该走出学校，积极投身到当地社会生产和生活实践中，成为当地社会生产和生活实践参加者和实干家，提高社会服务能力，为当地经济社会发展做出贡献。

公安院校大多属于地方高校，都是面向地方社会办学，所培养的人才都是针对地方经济社会发展需要培养的，是能够直接胜任公安行业工作的应用型人才。因此，公安高校教师还必须掌握地方性知识，对地方社会历史、文化风俗、地理地貌以及地方经济社会发展规划、政府工作重点、支柱特色产业等有所了解，才能开阔视野，保持与地方社会同步，使人才培养真正与地方实际相结合。

此外，公安实战部门紧跟社会发展的步伐，非常重视科技创新的引进和运用，作为公安高校的教师应具有改革创新的精神，主动作为，与时俱进，要善于接受新信息、新观念，懂得公安行业管理规律，了解用人部门对专业人才的要求，主动掌握行业知识和实践技能，适应社会变化的新形势；并在学习新知中，破解难题，培育特色和亮点，推动学校办学水平和人才培养质量的提高。

（二）公安机关教官培养的重点

教书育人是一项专业性强的活动，教师是一项专业性较强的职业，所以《教师法》对教师资格进行了相应规范。于公安机关教官而言，丰富的实战经验和实践操作技能是其最大的优势，也是公安实战型人才培养需要的重要教学资源。但综观其整体素质而言，教师教学技能不足、专业知识不够扎实与系统、工教研矛盾比较突出等是校局合作培养必须着力解决的重点。

要加强教师基本素养与技能的训练。要注重教育学、心理学、教学法、教育技术、语言技巧等相关内容的培训，通过以老带新、集体教研、反复磨课等专业化活动，引导其合理备课、施教、评价、反思与成长；学会恰当运用各种先进的教育技术和教学方法，充分发挥其实践经验的资源优势，通过演示、实验、实训等多种实时性、交互性手段的应用，融教学、实践为一体，有效促进培养学生实践能力的培养。

要加强专业知识的系统化梳理。如前所述，公安高校教师不仅需要实践能力和操作技能，也需要宽厚的基础知识和专业知识为支撑。从教学实践来看，公安实战教官往往就某些教学专题或部分实践环节讲解透彻、生动，但要教授一门课程感到很吃力，这主要与其工作性质和缺乏时间系统整理知识体系有关。公安实战教官长期在公安一线，实践经验丰富，手中案例多样，但平时忙于工作，很难有时间静下心来进行集中整理，从而容易呈现出知识模块的碎片化、零散化，与高校人才培养所需的系统化有一定差距，需要花较大力气加强。

要加强教官“工教研”矛盾的协调。公安工作本身十分繁重，警力又普遍紧张，而学校人才培养所需的教官往往又都是实战专家和业界精英，都是工作骨干，很难有时间来学校任教，各相关公安实战机关也是舍不得允许其到学校任教，这样对这些优秀教官而言，如何处理工作与教学及研究之间的矛盾是一个比较头痛的问题。为此，校局合作双方要努力争取相关部门支持，出台配套措施，有效协调上述矛盾。

四、校局合作培养师资的常见方法与路径

（一）互派交流

互派交流即公安高校组织教师到相应公安机关业务部门挂职或锻炼，提升教师公安实践知识和能力；合作的公安机关安排优秀民警到公安高校对口专业系部任教，加强公安教学与公安实战的对接，有效促进“双师型”师资队伍建设和公安实战型人才培养质量，是目前校局合作培养师资比较便捷有效的一种常见途径。特别是随着公安部关于实施全国公安院校与公安业务部门人员互派“双千计划”的实施，各地公安院校和公安机关纷纷跟进，已陆续实现学校教师和公安机关民警多批互派交流，体现出了常态化、制度化的特点，取得了比较好的成效。

（二）专项培训

“实战化”专项培训。立足公安实际，既可以请公安实战专家，也可以从其他社会相关部门、企业、相关行业聘请行家，还可以依靠公安信息平台，校局合建网络课堂，开展不同实战专题式培训，提升教师实战素养与水平。如可以围绕实战开展“个性化需求菜单式”教学，以“问题和需求”为导向，根据教师或民警自身“短板”和不足以及各警种不同的工作实际需求，校局双方商定涵盖侦查办案、信息化、综合办公、纪检督察、政工党建等一定数量的实战培训专题或科目，开发出相应课程或聘请特定教官，同时由教师或民警自主“点菜”择训，补齐“短板”。

教学技能专项培训。教学是一项富有创造性的复杂性活动，教学技能是一种综合性技能，教学技能是教师进行有效教学的基础，也是教师进行高效教学的前提，开展教学技能专项培训，既是搞好教学对教师的基本要求，也有利于教师个性与创造性的统一。如制订课程授课计划、撰写教案、使用教学媒体和了解学生等设计技能，组织和导入新课、教学语言运用、设疑提问、板书技巧、讲授启发、总结结束等课堂教学技能，布置作业、辅导答疑、学习拓展等辅导技能，科学命题、合理评卷与试卷分析等评价技能，教学研究方法、信息检索、了解学科动态和吸取科研成果等研究技能。

及时组织学习相关法律、改革文件和领导讲话。如以“执法规范化建设”为例，是深化公安改革坚持问题导向的重要聚焦方面，重点就是要健全完善权力运行的制约和监督机制，实现对执法活动的系统化、全程化、常态化的监督管理。为此，2016 年 5 月 20 日，习近平总书记主持召开中央全面深化改革领导小组会议，审议通过了《关于深化公安执法规范化建设的意见》，该意见明确提出了要着眼完善公安执法权力运行机制，构建完备的执法制度体系、

规范的执法办案体系、系统的执法管理体系、实战的执法培训体系、有力的执法保障体系，实现执法队伍专业化、执法行为标准化、执法管理规范化、执法流程信息化。公安部随后出台了《关于全面深化公安改革若干重大问题的框架意见》《公安部关于改革完善受案立案制度的意见》等10余项具体文件，明确“完善执法权力运行机制”是7项重点任务之一；2017年6月公安部在宁夏银川召开了全国公安机关深化执法规范化建设现场推进会，明确要求全国各地公安机关不断拓展执法规范化建设的深度、广度；湖南省公安厅先后下发了《关于全省公安机关建立刑事案件“三统一”工作机制的意见》《2017年湖南公安改革重点督察方案》《关于全面推进全省公安机关执法监管中心建设运行的通知》等，推出了法制员派驻制、刑事案件“三统一”工作机制和成立受立案管理中心的部署，并将此项工作纳入湖南省公安厅2017年“十项重点工作”和“工作绩效评估”，确保执法权力运行机制综合配套改革工作有序推进。因此，我们就要组织教师和民警及时学习上述相关文件，了解公安发展实际。

外出专项培训。面对公安工作和人才培养中的诸多实际挑战和困难，若校局双方尚无力一时解决，可以通过考察或联系北京大学、清华大学等一流重点高校或华为、腾讯、阿里巴巴等知名企业，委托他们办理队伍建设、数据开发等专项培训，不断提升校局合作组织相关人员工作能力与水平。

（三）考察交流

主要是公安高校要组织教师到公安机关考察交流警务工作。比如现在各地公安机关纷纷探索警务机制改革、新型警队建设、大数据管理运用等工作，各合作学校就可组织相关教师分批分类分层到合作公安机关开展现场考察交流活动，了解各地警务机制改革新做法、运用大数据管理队伍新经验、开展新型警队建设新动态。

例如，近年来湖南省公安厅全面开展“4+X”警务机制改革，就是运用大数据思维、挖掘改革新动力的大胆尝试。人的思维总是有局限性的，而通过大数据的分析研判，就能发现新规律，突破原有思维限制，达到“无中生有”的效果。所以，大数据中心建设很重要，大数据思维更重要。该改革是省市县三级一体，由省里统一搭建平台，4个中心之间相互融通的，而且在一个平台运行。平台下设大数据中心，大数据中心从功能定位上，实现全维感知、全能运算、全域运用，每一个警察都是信息源，是信息的收集者与组织者；同时通过物联网的方式对整个社会情况、社会形态进行感知并及时归集；通过全能运算建立模型，进行结构化整合和深度挖掘，做出像超市商品一样的成果，可以直接利用；大数据平台是为全体公安民警服务的，可以把为民服务与网上公安警务结合在一起，全省数万民警可以作为一级用户在一个平台上工作，不需要一级一级按地市、单位找自己的位置。并且不同民警有不同的权限，各地市县可根据自身需要，创造性地使用数据中心平台，避免重复建设；可在同样的数据信息条件下，考虑通过什么样的模型分析出更好的研判成果，有哪些软件、哪些系统、哪些工具的需求，这样也培养了民警用大数据思维思考公安工作的习惯。

又如，长沙市公安局针对队伍健康情况探索管理新方法，不断强化健康警队建设。不仅把身体情况作为干部选拔任用的一个硬性指标，还启用健康管家APP平台系统，开展“重走长征二万五　红色健康行”活动，一万余人参加，有效促进了大家锻炼和身体健康。同时针对干部评价难题主动思考，创新手段，大胆利用测评数据管理队伍。比如“钉钉”打卡数据，全局登录人数占88%以上，政治部通过抽取不同角色层次的样本数据，发现连续两年排名靠前的人员比例均达70%以上，说明测评人投票意愿集中，两年测评结果表现出良好的一致性，于是市局对2016年的网上测评数据进行了一定范围内的公开，促进各单位要用新的思维、新的理念创新干部管理模式，树立大数据管理队伍的理念；让数据发声，提高队伍管理的针对性、预见性，通过数据的分析和挖掘，既要能掌握队伍宏观的结构状况，做到心中有数，也要从微观上分析发现问题，提高工作的精准性。对优秀的干部民警及时发现树立典型，让大家学有榜样、赶有目标。对那些排名在后10%的多做帮扶，多拉一把，让数据成为队伍建设的有力抓手。

（四）项目合作

以项目为导向的校企合作模式，是应用型高校教师实现向“双师型”“三能型”升级的有效途径。为此，校局合作也可借鉴采用项目合作形式促进师资队伍建设。一方面，项目合作得好可以给双方特别是当事人带来看得见的经济效益和社会效益；另一方面，在项目合作推进过程中促进参与人的专业成长，实现多赢。

公安院校教师的实践锻炼和成长、教师的科研工作及服务社会的职能，离不开公安的实践，而完成公安工作所急需的产品研发项目等项目课题就是公安实践的落脚点。具体而言，校局合作项目大体上可分为四种类型：一般工作型项目、工作过程中出现的需要改进更新的项目、公安产品的设计研制和开发的项目、公安工作急需解决的难题和设计创新项目。在项目的实施过程中，教师根据自己的专业能力按照项目的不同类型进行对接，可组成教师与民警、教师与教师、学生与教师等多类型团队，共同参与到项目开发过程中。公安高校教师既要做好项目的教书育人、指导实践的工作，又要做好项目的研制开发、实施完成工作，实现高职教师的社会价值，通过科研项目为企业克服技术难关，实现技术储备。通过横向课题和智力支持，为公安工作排忧解难，为社会经济建设直接做出应有的贡献。以项目为导向的校局合作模式，是师生和民警参与校局共赢的最好方案，这样的模式，通过双方师资的培养，通过贯穿整个实践过程中的项目，提高学生的教学质量，学生能将所学的理论知识和实践技能得到综合应用，对学生尽快融入相应岗位起到了催化剂的作用。

（五）其他合作形式

参加公安实战机关工作调度会、专项工作部署会、专题研讨会、案件协调会。例如，某局刑侦工作调度会，一般先对以往刑侦工作进行小结，再对全局下一步刑侦工作或专项工作进行部署。会上，一般局所属单位会对相关工作进行汇报，刑侦支队（大队）会进行讲评，分管局领导再提要求，整个会议下来，既有经验总结，又有教训反思，也有工作新思路、新部署，对每个参会的公安院校教师来说就是一次生动的实战学习与教育，就会知道“五打击一追逃”、打黑除恶、打击网络贩枪（毒）等专项行动和大侦查作战发展态势，就会明白各级公安机关非常重视刑事科学技术专业对于刑侦工作的支撑作用，加强现场勘查培训力度，提高 DNA 人员采集率、现勘录入率，加大 DNA、指纹、人像比对落地率；就会了解各地公安机关正在探索工作机制改革，深化区县侦查作战室工作，固化岗位人员，开展常态化案件监控，巩固“日分析、周研判”工作机制，切实提升工作效率。

尝试分类管理，激励教师转型发展。改变对教师面面俱到的发展要求，根据理论类课程和实践类课程的大致划分，将教师分为理论教育岗和实践教育岗教师。理论教育岗教师主要负责专业课、专业基础课的教学工作，重在提高学生的理论知识水平；实践教育岗教师主要负责实践课程的教学教育工作，重在培养学生的实践应用能力，两类教师的比例应该根据教学实际进行合理划分。同时，对两类教师采取分类考评体系，对理论教育岗教师注重考查学生拥有知识的完整性、实用性和先进性，在科研上，突现科研的基础性；对实践教育岗教师的教学评价则注重考查学生综合运用知识发现、分析与解决问题的能力，在科研评价方面，突现科研的实用性，引导教师开展与课程教学密切相关的应用研究和开发研究；鼓励部分原先以理论见长的教师转岗，对实践教育岗教师可考虑适当降低科研评价的要求。成立专家组织，制定“双师型”教师的职称评审标准，在“双师型”教师管理中，激励具有十分重要的作用。高职院校应成立一个专家组织，成员由校领导、职能部分管理者、“双师型”教师骨干、企业专家等组成。专家组织要主动去了解高职教师的需要，尽可能地提供条件或引导教师的发展方向。对“双师型”教师的管理可进行分层分类和创建素质模型来完成，将“双师型”教师的评价与职称、奖金、福利等直接挂钩，引导教师向“双师型”教师方向发展。第一，在职称评定上，既要重视教师第一职称及教师系列职称的评定，又要完善第二职称如“工程师”的评聘，使得一些已具有“双师型”教师素质和条件的教师成为“双师型”人才；第二，在聘任制度上，对已经取得相应任职资格证书的教师，要积极聘任，以充分调动其工作激情；第三，在待遇上，摒弃平均主义的分配方式，提高“双师型”教师的待遇，形成充分体现并积极鼓励教师履行岗位职责和创造突出业绩的薪酬体系。

优化人才梯队，提升教师素质。以校内外享有盛誉的教学名师或其他资深专家为龙头，形成各学科的教学团队，如视频图侦团队、电子取证团队、警务技战术团队、心理服务团队等。要整合各类相关资源，争取校级及以上教学团队建设立项，不断壮大学科教学与科研队伍。

充分利用现有政策，通过“引进来”“走出去”“进修培训”优化师资。根据国家有关鼓励校局合作政策，大胆从公安实战机关引进或聘请相应行业专家担任专业教师。也要凭借“双千计划”平台和其他交流政策，积极创设条件，鼓励教师出国、出校或到公安实战部门访学、交流、挂职，多手段优化师资结构，打造复合型师资。

附件：

《教育部　中央政法委员会　最高人民法院
最高人民检察院　公安部　司法部
关于实施高等学校与法律实务部门人员互聘“双千计划”的通知》

（教高〔2013〕8号）

各省、自治区、直辖市教育厅（教委）、党委政法委、人民法院、人民检察院、公安厅（局）、司法厅（局），新疆生产建设兵团教育局、党委政法委、人民法院、人民检察院、公安局、司法局，有关部门（单位）教育司（局），教育部直属各高等学校：

为贯彻落实《教育部 中央政法委员会关于实施卓越法律人才教育培养计划的若干意见》（教高〔2011〕10号），加强高校与法律实务部门的合作，探索建立高校与法律实务部门人员互聘制度，提高法律人才培养质量，经研究，决定实施高等学校与法律实务部门人员互聘“双千计划”（以下简称“双千计划”）。现将有关事项通知如下：

一、主要任务

1. 推动高校与法律实务部门人员互聘，促进高等法学教育与社会主义法治国家建设实践的结合。2013 年至 2017 年，选聘 1000 名左右有较高理论水平和丰富实践经验的法律实务部门专家到高校法学院系兼职或挂职任教，承担法学专业课程教学任务；选聘 1000 名左右高校法学专业骨干教师到法律实务部门兼职或挂职，参与法律实务工作。

二、选聘条件

2. 选聘到高校法学院系兼职或挂职任教的法律实务部门专家，应具有较高的思想政治素质，忠于党、忠于国家、忠于人民、忠于法律；具有 10 年以上法律实务工作经验，较高的职业素养和专业水平，实绩突出；法学理论功底扎实，对本专业领域法律问题有较深入研究；爱岗敬业，能够在聘期内完成相应的教学任务。

3. 选聘到法律实务部门兼职或挂职的高校法学专业骨干教师，应具有较高的思想政治素质，认真学习中国特色社会主义理论体系，模范践行社会主义法治理念；师德师风好，教书育人的荣誉感和责任感强；具有高级专业技术职务，较强的业务能力，能够帮助法律实务部门分析解决疑难复杂案件；忠实履职，能够在聘期内完成相应的实务工作。

到人民法院、人民检察院、公安机关兼职或挂职的，还应符合《中华人民共和国法官法》《中华人民共和国检察官法》《中华人民共和国人民警察法》等有关法律法规规定的任职条件和资格。选聘担任法律实务部门行政领导职务的，还应具备正高级专业技术职务和较强的组织管理能力，符合《党政领导干部选拔任用工作条例》规定的任职条件和资格。

三、选聘程序

4. 各省（区、市）教育厅（教委）会同党委政法委统筹负责本地“双千计划”聘任工作，按各省（区、市）总名额（分配方案见附件）分年度向省域内高校和法律实务部门下达互聘推荐名额，对“双千计划”的互聘人选进行备案。最高人民法院、最高人民检察院、公安部、司法部与相关高校的互聘人选自行商定。

5. 优先支持卓越法律人才教育培养基地建设高校与法律实务部门人员互聘工作。各卓越法律人才教育培养基地建设高校 5 年内须累计选聘不少于 5 名法律实务部门专家来校兼职或挂职任教，派出不少于 5 名法学专业骨干教师到法律实务部门兼职或挂职。

6. 到高校兼职或挂职任教的法律实务部门专家，应按照高校相关规定进行聘任，安排教学任务，并在聘期期满后终止聘任或转聘。到法律实务部门兼职或挂职的高校法学专业骨干教师，应按照相关任职的法定程序与要求进行审批或任命，并在聘期期满后免去其挂职职务。

四、聘用期限

7. 建议聘期为1—2年。期满如需延长聘用时间、继续参加“双千计划”，须考核成绩优秀，经派出单位、聘用单位、受聘人员同意，并报所在省（区、市）教育厅（教委）和党委政法委备案。

五、考核管理

8. 互聘人员以派出单位管理为主，不改变与派出单位的人事行政关系。建议在聘期开始时，聘用单位与受聘人员签订相关协议，明确聘期工作目标和任务安排。聘期结束后，由聘用单位组织人事部门对受聘人员工作做出书面鉴定，反馈给派出单位组织人事部门，存入本人档案。

9. 受聘到高校兼职或挂职任教的法律实务部门专家，应遵循教育教学规律，善于把社会主义法治国家建设实践的最新经验转化为优质教学资源。受聘到人民法院、人民检察院、公安机关兼职或挂职的高校法学专业骨干教师，应依法执行有关规定，在聘期内不得兼任律师或从事其他与职务相抵触的活动。

六、政策保障

10. 教育部、中央政法委根据高校与法律实务部门人员互聘情况，公布年度“双千计划”互聘结果，颁发高校与法律实务部门人员互聘“双千计划”入选证书。互聘人员在聘用单位工作期间，派出单位保留其原职务级别、岗位，工资、福利待遇不变，将其专业技术职务年限连续计算，工作量互相冲抵。鼓励派出单位将派出人员纳入本单位的人才培养计划，并在职级晋升、职称评定等方面予以政策倾斜。支持有条件的聘用单位为受聘人员提供适当的工作量津贴和住宿、交通补贴，并对工作成绩突出者进行表彰奖励。

请各省（区、市）教育厅（教委）、党委政法委、人民法院、人民检察院、公安厅（局）、司法厅（局）、有关部门（单位）教育司（局）将本通知转发至所属高等学校和政法部门。各省（区、市）教育部门、政法部门要认真贯彻落实本通知精神，结合实际制定具体实施方案，推动省域内各高校法学专业骨干教师与法律实务部门专家互聘工作，确保2013年秋季开学前，首批“双千计划”互聘人员到位到岗，有力有序有效推进卓越法律人才教育培养计划的实施。

教育部 中央政法委员会 最高人民法院
最高人民检察院 公安部 司法部
2013年7月19日

第四节 共同加强实践教学改革

一、公安实战型人才的培养亟待校局合作着力加强实践教学

实践教学一直是高校教学的一个重要环节，近年来，在《国家中长期教育改革和发展规划纲要（2010—2020年）》《教育部等部门关于进一步加强实践育人工作的意见》《教育部关于全面提高高等教育质量的若干意见》等文件中均特别强调要强化实践育人环节，新增教学经费优先用于实践教学，鼓励校企合作，促进知行合一，不断提高人才的学习能力、实践能力、创新能力。于公安院校而言，实践教学历来是公安院校教学的一个重点与特色，公安实战型人才的培养更需要强有力的实践教学支撑，公安院校一直是公安人才培养的主阵地，但目前公安高校实践教学面临着一系列突出问题的挑战。

一是人才培养方案设计不足。公安高校的人才培养是与公安这一职业紧密相连的，具有较强的实践性；公安院校相对于其他普通高校而言，人才培养目标历来更加明确单一，就是要培养忠诚可靠、业务精良、能护一方平安的公安合格人才；同其他学科门类比较起来，公安学、公安技术学等公安学科专业更加侧重应用技能的培养，实践教学设计历来占比较大的比重。说得通俗一点就是培养出来的预备警察一旦上岗就要“靠得住、跑得赢、打得胜、讲得过、控得住、办得牢”，培养过硬身心素质和较强的动手操作能力是人才培养方案设计应遵循的基本原则。但反观目前公安院校一些人才培养方案，国家规定的大学英语、思想政治、军事理论、大学体育等公共课占了相当大的比重，真正适合公安工作实战需求的专业课、骨干课或核心课程比例偏小，直接影响到公安实践教学的效果与实战型人才培养的质量。

二是教师实践教学能力较弱。[①] 由于公安人才培养目标的特殊性，“服务实战、贴近实战”是对每一位公安院校教师的基本要求。但由于公安院校与公安实战机关运行机制、管理体制等诸多因素的制约，很多公安院校教师长时间没有机会深入公安实战机关执法办案，他们无法及时掌握公安实战机关的最新发展动态与成果，加之教学任务也较繁重，进修机制也不太畅通，极易造成教师的公安实践教学能力弱，导致课堂教学与公安实战部门的需求脱节；或者因科研考评压力，部分教师不太愿意花心思在实践教学能力的提高上；甚至有时因师资紧张，刚毕业的青年教师就直接上讲台为学生授课，理论研究也缺乏深度与高度，不能有效引领公安实战。

三是实践教学场地设施有限。实践教学相较于理论教学，更需要足够的设施、设备和实验、实训场地，实验室阶段的学习是培养学生实践技能的重要环节；并且其中一些设施、设备的购买、建设、日常维护与更新换代成本均较高，高校必须投入足够的经费与人力才能保障正常教学。由于受到公安行业背景和传统观念的影响，我国公安院校普遍具有办学规模小，专业实验室、实训场地数量少等突出问题；虽然社会经济发展较快，但国家对地方公安高校的教育投入经常赶不上经济发展的速度，有些地方甚至持续多年没有增加；而由于扩招，各公安高校的教学资源越发紧张，用于实践教学方面的投入经常无能为力，自然制约着公安高校实践教学的顺利开展。目前我国公安院校还没有建立国家级的实验室，省部级实验室数量也非常有限，且分布极不均衡。实训场地的专业性不够，难以满足公安工作对学生实战技能的需要。[②]

四是实战性考评机制缺乏。由于理念、师资和场地限制等因素影响，较长时间以来，公安教育侧重知识的理论性考试多、突出实战技能的实操性考核少，比较缺乏实战性的考评标准与结果运用等机制；加上近些年公务员考评体系中有关公安专业毕业生录用为人民警察的考试内容和指标体系中有关公安实战性比例偏低，更进一步强化了不少公安专业学生应试观念，削弱了对实战性技术技能的关注和训练。

五是学生参与积极性不高。近年来，由于学生人数的急剧增加，不仅学校用于实践教学的生均经费偏少，而且师资、基地设施等也日趋不足。学校经常难以安排足够的教师指导学生见习、实习、毕业设计，也经常无法统一组织学生开展有效实践活动，或无力给予学生相应实践经费补足，加之现在

---

① 孙学华．云南警官学院师资队伍建设的发展路径及对策［J］．云南警官学院学报，2012（1）．

② 齐麟．公安院校“实战型”刑事科学技术人才培养模式研究［J］．公安教育，2016（9）．

独生子女较多，吃苦耐劳精神下降，参加实践教学活动的积极性不高。若临近毕业，面临就业的压力，更加无法静下心来投身实习、论文写作、研究性学习等实践教学活动。

二、校局合作加强实践教学改革的常见路径与方法

面对实践教学中的一系列问题，公安院校应立足现有办学体制优势，充分利用公安机关的场地、设施、设备和警务实战机会，加强校局合作，共享教学资源，开展实践教学能力培养。① 通过开展校局合作，可以通过互通有无、优势互享、资源共建等路径，有效化解上述难题与挑战。如浙江警察学院、江苏警官学院、四川警察学院、云南警察学院等国内不少公安院校积极开展校局合作，探索“3+1”“2+1”等教育模式，安排一年左右的时间集中学生到公安实战机关实践，并均取得了比较好的合作效果。② 借鉴目前院校“校企合作”“校局合作”的经验，笔者认为校局双方可以分别从平台、内容和路径入手，不断加强实践教学与改革，促进学生公安实践能力的培养（如图所示）。

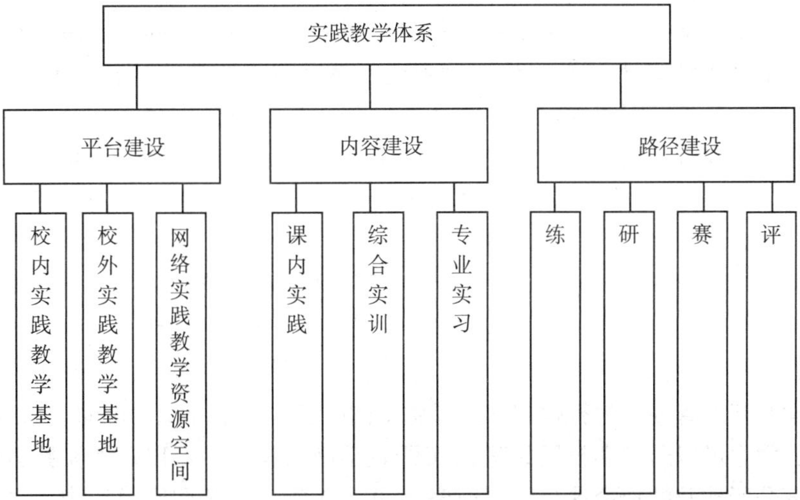

（一）积极共建实践教学平台

坚持校内实践教学基地、校外实践教学基地与网络实践教学资源空间建

① 程琳．警察教育与警务警务执法人才培养新视野［M］．北京：中国人民公安大学出版社，2014：198．

② 傅国良．卓越警务人才教育培养的探索与实践——以浙江警察学院“三合作，两育人”模式为例［J］．公安教育，2012（12）．

设相结合，校局合作打造好三大实践能力培养的平台。其中，校内实践教学基地以校内专业实验室、实验实训中心、实战技能培训中心等为基础整合而成。在基地建设过程中，关键是一定要发挥公安实战机关的作用，真正实现校局合作建设基地，坚持学院专家、公安机关实战专家和其他校外专家相结合，做好每一个实验室的方案论证，确保实验实训设施设备参数既不落后，又要贴近实战、服务实际。例如，湖南警察学院通过校局合作积极开展校内实践教学基地建设，如刑事科学技术实验室、电子物证实验室、计算机实验室、物理实验室等数十个，仪器设备数千万元；近几年，学院持续保持每年不低于400万元投入和充分利用国家财政专项支持资金先后完成了网络工程实训中心、视频图像侦查实验室、网络渗透与证据获取实验室、交通安全实验室、痕迹检验实验室、声像技术实验室、警务实战训练基地等校内实训设施建设，不断满足实践教学的需要。

校外实践教学基地主要依托公安机关科、所、队办公或实训场地，适当加入教学元素能够为实践教学所用即可。特别是那些紧贴实战、公安学校又无力建设或不方便购买的实践教学场地、设施、设备，而公安实战机关此方面资源储备丰富，关键是学院要尽早进入公安实战机关，同其一道进行教学设计，使之能够有效成为实践教学场地，确保实践教学的顺利开展。例如，湖南警察学院先后同深圳市公安局大鹏分局、长沙市公安局芙蓉分局等省内外十余家公安机关签订合作协议，建有校外实践教学基地37个，可同时容纳1000余人进行实践教学活动，基本能够满足所有公安专业学生的见习实习等实践教学要求。

网络实践教学资源空间主要是利用现代网络和信息加工技术，将有关视频、音像、案例、慕课、虚拟资源等上传至校局合作网络空间，打造共享平台。充分利用现代化教学手段，搭建基地建设网络信息平台，实现了网上辅助教学和基地管理，为教师和学生提供了网络实践教学环境。借助“人人通”工程，学生可以通过学校网站进入实践教学网络模块，可以观看实践教学视频和部分所涉及的理论课程，同时学生可以在实践教学网络模块中申请校局合作项目参与，也方便学院对实践教学的管理，推进实践教学的网络化，为学生、教师和公安机关提供一个技术交流的信息平台。同时，在确保安全的前提下，可以借助公安内网为师生教学实践提供丰富的实践教学资源。

（二）共同构建和完善实践教学内容体系

校局双方可坚持课内实践、综合训练与专业实习相结合，共同构建和完善多层次、多类型、多模块、多领域的实践教学内容体系。

其中，课内实践教学主要包括各门课程课堂内的实践教学，主要在课堂内和校内实验室、实训场地等场所进行，主要是根据各课程教学计划对全体学生实施。综合训练是指在人才培养方案设计中单独设计专业综合训练环节，单独整体授课培养学生的专业综合实践能力，主要对已经具有一定专业基础知识的中高年级学生实施。专业实习一般包括认知实习和毕业综合实习两个环节，认知实习主要是指初次接触公安知识的低年级学生利用寒暑假到公安实践机关进行为期数周的随岗见习，达到增强对公安工作的感性认识的目的；毕业综合实习是高年级学生较长时间（一般大约3个月或半年）深入公安机关，将在课堂所学的专业理论知识系统综合地运用到公安实践，在实践中不断反思与完善自己的专业知识与技能。

湖南警察学院近几年来，构建多家专业综合改革实践基地，多次聘请或调入公安实战专家来校进行实践教学，或主讲，或辅助，但均参与实践教学内容与方法的设计，特别是综合实训和专业实习，更需要一线实战专家真正参与，确保教学针对实际、服务实战。每年寒暑假均组织低年级学生到各自常住地附近公安机关开展认知实习，组织高年级的应届毕业生到各市州公安机关进行专业综合实习，各基地安排了上百名民警参与指导，切实提高实践能力，取得了比较好的实践效果。

（三）共同探索多元化实践教学路径

鉴于公安实践教学内容的丰富多样性，校局双方可以坚持“练、研、赛、评”相结合，“教、学、练、战”一体化，实施多元化的实践教学路径与方法。其中练习既包括课堂内教师指导下的练习，也包括课外开放性实验、校外实践基地教官指导下的练习，还包括各类专项培训等；研究可以是课题、调查、毕业设计、毕业论文撰写或案例加工等形式，也可以开展专题研讨、会议论坛等多种途径激励多元力量参与；竞赛主要包括各级各类有关学科知识、技能比赛；评价既包括理论知识掌握，也包括实践能力评价，突出对学生实际操作水平和应用能力的评定；通过“练、研、赛、评”互动促学，不断增强学生实践能力。

湖南警察学院近几年除课堂内的规定练习外，该院刑事技术系和实验管理中心积极动员一切教学和力量，从新生入学开始发动，组织高年级学生带动，多方鼓励学生参与开放性实验；各系部积极邀请一线专家担任考官和评委，先后举行“现场急救”“交警手势操”“安全知识”“模拟法庭”“英语演讲”等学科知识或技能比赛；同时通过大学生创新课题立项、省级重点实验室和大学生创新训练中心资助、优秀论文（设计）评选等多种方式增强学生勇于实践的兴趣与能力，目前已立项国家级大学生创新性课题4项、省级10项、校级100多项，邀请实战专家讲座十余场，启动院局合作科研教研项目立项20余个。

此外，江苏警官学院等一些公安院校尝试“双证融合”教学评价。学校对技能型项目，将技能认证类的课程内容同专业课程教学内容融合或引入通行的认证考试机制，采取以证代考。也有学校引入公安实战机关专家参与一些实践性强的课程考核评价，如警务实战技术技能操作，甚至就以公安实战机关的评定作为学习成绩的考核依据，如感知实习、专业实习、毕业实习等教学环节进行过程跟踪评价等。

三、注意事项

（一）双方要尽早参与，全程合作

就校局合作实践教学合作而言，也是一个贯穿全过程、多领域的合作。但就现状而言，校局双方主要还仅是在人员互派、资源共享等方面进行了表层次的合作，但实际上人才培养方案设计、师资建设、方法探讨、评价改革等诸多领域都与实践教学密切相关，有待双方进一步推进合作。

如人才培养方案是学院培养人才的“宪法”，它的科学性、合理性直接关系到课程设置、理论与实践课时分配、实践模块内容选择等有关人才培养质量状况。因此，自一开始，校局双方就应通过调研、调查、座谈、论证等多种形式把握准警察执业核心能力要素构成、培养标准、培养路径、教育需求等，改变目前一些公安院校因教学场地设施和教师人员限制设课的不合理现状，紧扣警察岗位技能要求，从源头上设计好人才培养规格，建立合理的课程知识结构体系，融合运用案例法、案卷法、情景模拟等多种实践教学方法，做好实战前沿专题计划，探索实践教学评价体系改革，尽力做到实践教学内容与公安实战无缝对接，确保实践教学的针对性、实战性、可行性。

（二）要坚持资源理念，加强实践教学资源的开发与利用

教学资源是为教学的有效开展提供的素材等各种可被利用的条件，通常包括教材、案例、影视、图片、课件等，也包括教师资源、教具、基础设施等。从广义上来讲，教学资源可以指在教学过程中被教学者利用的一切要素，包括支撑教学的、为教学服务的人、财、物、信息等，还涉及教育政策等内容。从狭义上来讲，教学资源（学习资源）主要包括教学材料、教学环境及教学后援系统。其中，教师是最重要的教学资源，一切资源均需要教师的有效开发与利用。

校局合作实践教学改革一定要有教学资源的开发与利用理念，才能充分发挥其资源效用。如派出所是治安学类课程很好的校外实践教学基地，但要根据教学目的进行合理设计才能实现现场化教学，发挥出教学资源的特性和

功能，不然就会形成“现场、教学”两张皮，学生可能只感受到了现场的气氛和热闹，但对相关教学要点和实践能力培养目标一无所知；加强实践教学教材（讲义或指导手册）等基本实践教学资源建设，细化实训过程管理；案例、案卷是丰富的实践教学资源，要及时组织人员精选案例/案卷，根据课程目标进行加工整理和教学设计，突出实践教学技能的培养等。如公安机关案卷很多，可以根据教学目的对相关案卷进行开发，实施案卷式教学，[①] 促进学生实践能力提高。

要善于运用科技手段创新教学资源的开发与利用。借力现代科学技术特别是网络技术，依托现有校局的公安信息网和警务信息综合应用平台，建立实战应用能力网上模拟训练系统，推进实践教学基地信息化，丰富实践教学手段，做到实景实战与虚拟模拟、网上推演的传统与现代相结合，形成与公安实战部门警务信息应用系统有限又有效的联通，打造有力的网络实训平台。如校局合作可以为侦查学专业学生开发情报信息研判平台、刑事案件信息系统、在逃人员信息系统等；可以为治安学专业开发人口管理系统、网上办案系统、派出所综合信息系统、网上模拟派出所（警务室）等；可以为刑事科学技术专业开发枪弹痕迹与指纹自动识别系统、现场勘验信息系统等；可以为法学专业开发法律知识网上训练（考试）系统等，让大数据多进课堂教学实践。

（三）要坚持问题导向，促进教研互动

教育部印发的《关于全面提高高等教育质量的若干意见》就极力倡导教学方式改革，创新实践教学形式，但关键要靠教师，“教师不仅是课程的理解者、执行者和建构者，也是提高教学质量、实现国家教育质量的关键”。[②] 四川大学周鼎老师的《自白书》引发了网络热议，说明当前教师业务能力偏弱是一个不争的事实，更有人言当今大学生不好好学与大学教师不能好好教关系很大。教学与研究本来是提高教师能力与水平的两翼，彼此并不天然地产生冲突。但目前一些教师的研究纯粹是为了显性的论文与成果，不是为了解决公安实战中的实际问题，导致一些空洞的研究无法有效促进教学能力的提升。因此，校局合作要坚持“问题导向”，可以通过人员互派、专题研讨、课题研究、学术讲座（论坛）、案例分析、专家（导师）团队、论文答辩、成

① 案卷教学训练，就是将结案的案卷（包括刑事卷、行政卷）从办案单位复印，然后按照原卷顺序将其装订成册，按相同案卷、不同案卷分发给受训学员，让受训学员观阅案卷，并对其操作流程的规范性和案件处置的妥当性进行评价，掌握执法规范性操作，进而实现教学训练目标。案卷教学训练，又可分为相同案件性质而不同办案民警、不同办案时期的案卷教学训练和不同案件性质的案卷教学训练。

② 李桢，张钧．主体性视域下教师积极课程意识的理论审视［J］．教师教育研究，2012（5）．

果鉴定、教材编写、实战演练、课程选修、创新训练、联席会议、合作简报、专项培训、“教、学、练、战”一体化等多种形式，促进院校教师和公安民警就公安实战中的一些真问题开展研究，或者把部分问题作为指导学生实践探讨的主题（或论文主题），或者提供部分经费予以大学生创新性课题、教研教改课题立项，这样让大家都带着问题参加实践与研讨；某些实战专家既无时间也无精力将一门专业课程授完，但可结合自己的实践思考就某一专题开展专题教学，特别是当这些专项内容是院校教师教学能力比较弱的部分，这种教研互动更显珍贵；或者请实战专家来校开一些侧重实战的选修课，让学生自主选修；要组织实战专家尽早全程参与实训场地建设，促进校内实践教学环境要高度仿真，营造一个实战氛围，满足按照实战程序开展实战教学的需求；探讨案例式、分组式、分级式教学、角色扮演、头脑风暴法、情境训练法等，开展实训课程教学比武、教学观摩、技能运动会等，创新课堂教学形式，以教学方法改革推进实践教学能力提升，从而实现院校教师实践教学能力与实战专家研究水平增强的“集智共赢”。

附件：

怎样实施案卷教学实训

（一）挑选案卷

实施案卷教学，必须从实战一线单位挑选、复印足够的案卷。这些案卷如何挑选？挑选什么样的案卷？如何对这些案卷进行处理？解决这些问题是实施案卷教学的第一步，具有基础性作用。随着国际、国内形势变化发展，民众对公安执法产生了新的期待。而执法规范化训练，也应当根据社会情势、民众需求进行。因此，挑选案卷要确立几个原则。

1. 群众反映最强烈、社会反映最敏感的执法领域的案件

哪些案件是群众反映最强烈、社会反映最敏感？信访是政治、经济、社会、文化乃至干部状况、群众情绪的“晴雨表”。我们查阅“信访动态”，发现因纠纷引起的伤害案件占整个信访案件或事件的30%左右。信访的案（事）件中有相当一部分是已经通过公安机关行政处罚处理结案的，这部分案件反映公安机关没有实现“案结事了”，而是简单“结案了事”。信访案件中还有相当一部分是刑事未破案，这些信访案件反映公安机关有案不立，立案不规范、不告知权利等。另外，还有通过对行政复议、行政诉讼案件的统计，可以发现哪些案件、案件的哪些方面极易引发复议或诉讼。另外，在庭审中或在侦查阶段对证据采信、定罪、量刑等方面争论较大、影响较广泛的刑事

案卷。

2. 高发、频发的案件

治安违法行为案件性质达153种，交通行政违法案件性质达197起，消防行政违法案件性质达52种，还有各类其他刑事犯罪案件，在这么多案件中，究竟挑选什么样的案卷？我们认为应挑选高发、频发案件的案卷，如盗窃、诈骗、敲诈勒索、扰乱单位秩序、扰乱社会秩序、寻衅滋事、故意伤害、殴打他人、故意损毁公私财物等。运用此类案件的案卷教学，主要解决民警理性、平和执法，以达到执法效果与社会效果、政治效果高度统一。譬如，将不同办案单位经办的扰乱单位秩序案卷拼到一块，通过比较分析就会让民警找到理性、平和执法的差距。

3. 发案量少，但影响较大的案件

对于发案量少的案件，并非受训的民警人人亲手经办过，而这些发案量少的案件，往往是社会影响比较大的案件，民警一旦遇到此类案件，不知所措。运用这类案件教学，可以训练民警准确把握法律界限，把法律规定与现实执法环境紧密结合起来，能较好地启迪和示范民警，以培养经办此类案件能力。譬如，诽谤案发案量少，此类案件操作不当，会侵害群众权利，极易引起信访和投诉，甚至诉讼。①

4. 新发、需要总结提高的案件

对于民警一般难以接触到的案件，一旦接警此类案件需要办理，民警可能难以“下手”查办，很难找到着力点切入。诸如此类案件，通过案卷教学，主要解决民警熟练掌握执法技能、正确收集案件证据。民警不能够熟练执法，极易引发执法不规范等情况的发生。在治安违法领域，如侮辱案件，一般民警难以接触。又如，在刑事执法领域中的洗钱罪、组织黑社会组织犯罪等案件。还有出现的利用互联网违法犯罪，如何取证，取什么证据，通过案卷这个直观教学训练方法，使受训民警能很快掌握经办此类案件的技巧。

（二）案卷分析

对收集的案卷，要进行分类整理。对每一类别的案卷，逐卷研究分析。如公安行政处罚决定书中告知被处罚人复议或诉讼权利时，很多单位表述：“被处罚人如不服本决定，可以在收到本决定书之日起60日内向上级公安机关或同级人民政府申请行政复议或者在三个月内依法向本决定机关所在地人民法院提起行政诉讼。”这种对权利的告知，就不规范，因为它照搬了法律条文，而没有将法律条文转变为可操作性的表述。被处罚决定人对该表述，仍

---

① 重庆的“彭水诗诽谤案”. 南方都市报（深度版），2006-10-19；湖南某市“刘华诽谤案”，2012-4-8，http：//blog. ifeng. com。

然不清楚向哪个机关提起行政复议或提起行政诉讼。又如，扣押清单对于空白处不注明“以下空白”或用斜线“杠住”。收缴清单中承办民警应为两人，而收缴清单只填写一个民警名。

（三）分发、讨论案卷

授课教官对前期分类别案卷研究分析后，根据受训民警情况，将相同类别的、存在不同问题的案卷归入一组，将该组案卷分发给一组受训民警，让受训民警自己从案卷中发现执法不规范方面问题，由此形成“心理痕迹”。该组民警对本组各自阅读完的案卷进行交流讨论，以开拓视野和提纯执法规范或理念。各组之间相互交换案卷进行评阅，然后各组之间集中意见进行讨论交流，这样能极大地调动受训民警训练积极性，在讨论交流中找准和弄透执法过程存在不规范问题。同时，根据受训民警类别的不同，可以选用不同的案卷类别。如治安警更多接触的是治安行政违法案件，那就选用治安行政案卷；刑事警则选择刑事案卷；网络警则选用网络违法犯罪案卷。

（四）总结提高执法规范水平

民警通过案卷学习讨论后，联系自身工作实际，就询问、讯问的连贯性、逻辑性、法律性，语言的朴实性，扣押、证据收集的规范性，权利告知的适时准确性，处罚或处理的合法性、妥当性，案卷装订合序性等方面进行全面检讨，写出总结。通过案卷学习，达到“百闻不如一见”的效果。

第五节　共同建设共同体文化

共同体不是在特定时间为了某种特殊需要而进行的简单聚集，成功的共同体具有部分掌握了社会协商意义的共同的文化意识遗产，包括共同的目标、意义、制度及实践。因此，要建成育人共同体，既要组织、经费保障，也要共同体精神、制度等文化支持，为此，校局合作各方需要从精神、制度、宣传、活动等多方面着力，共建合作文化，不断推进共同体朝前发展。

一、共同推进公共精神文化建设

（一）推进公共精神文化建设有助于推动共同体建设

公共精神是共同体精神的内在本质，因此，推进公共精神文化建设，将会更有效激励人们参与共同体和邻里活动的积极性。

《简明牛津辞典》（1990年版）对“公共精神”的解释为：“具有一种公共意识”和“一种参与共同体行动的愿望”，即在考虑自己的个人利益以外，能够更多地融入共同体和社会的愿望；表现为一个人可以不计自己的得失，为了他人的利益能够随时准备参与更多的地方共同体活动。因此，公共精神不是指作为一个社会公民应尽的社会责任或义务，而是指一种对待他人的基本观点和态度，既包括思想，也包括行为。这里的“他人”不仅指家人或朋友，而且还指邻居、同事，乃至陌生人。

通过公共精神文化建设活动，可以促进人们相互交往与加深了解的机会，进而又能给共同体生活注入新的活力。正如弗兰克·弗勒迪（Frank Furedi，1998）所指出的：“如果你对自己的邻居了解不多，那么，就很难与他们保持一种亲和关系。”参与弘扬公共精神的活动并不是一种孤立的单独行动，而是一种相互激励的互助过程，同时也为构建更加亲密的、相互支持的共同体提供了一种基础。在一个富有公共精神文化的社会里，对于那些需要帮助的人来说，他们能够从所熟悉的人们、邻居或地方共同体中的其他成员那里得到经常性的无偿援助。这样可以弥补那种由政府组织以及其他机构所提供的没有人情味的偶然性帮助；有助于他们在一种更加富有生机的人情氛围中生活，激发其对于共同体的情感。如英国劳工党政府1997年上台后积极鼓励人们尤其是那些退休者充当志愿者，来帮助与指导学前儿童学习小组和儿童课外学习小组，为年轻人组织一些富有意义的休闲内容、教育活动和运动项目，有效应对年轻人的一些反社会行为。

弘扬公共精神的行动也可以为民众抵御那些伴随着后现代性进程而来的不安全性和个人主义的冲击。因为邻里之间和共同体成员之间的相互支持行动，有助于发挥或更有可能产生对这些冲击或进程的集体性力量。如弘扬公共精神的行动可以包括：在成员之间联合创办日托儿所为邻里提供服务，这样可以帮助家长们解除为了照料孩子的一些后顾之忧，使家长们在工作上拥有更大灵活性；或者如成员间相互交流知识和技能，增添彼此的知识储备，以更好地适应新的经济形势发展，也为人们提供了结识朋友与分享友谊的一种机会，进而在一定程度上缓解后现代性进程带来的人际关系的紧张性。

一种更具公共精神的文化还可以作为个人行为的准则。所有组织机构，尤其是国家及地方政府、学校、媒体和私营企业等，应当齐心协力地推动公共精神文化的发展。也就是说，人们在日常行为中应当文明礼貌、相互协作和加强沟通。

公共精神文化的发展，不仅有助于共同体的建设，而且有助于社会资本的发展。公共精神文化建立在邻里关系和共同体活动之中，通过这些社会交往与互动关系，在人际之间可以形成一定程度的信任、合作和友谊关系，即社会资本的形式。这些社会资本形式的力量尽管有限，但一旦形成，就可能会突破共同体的限制而延伸到广大的社会中去，从而不至于让我们在生活中与陌生人接触时处处采取一种小心提防的态度。因此，共同体是我们形成社会资本和人际互信的基地或中心。

（二）推进公共精神文化建设的具体路径

1. 政府主导

社会秩序的重建，不能只依赖于个人与共同体的互动作用，它还需要公共政策的推动。在推进过程中，政府必须发挥其应有的主导性作用。一个为民服务的政府应具备相应实施计划来使之付诸实践，并且通过循序渐进的方式努力塑造民众的公共精神。

参加志愿者组织的工作是体现人们的公共精神的方式之一，志愿者组织的一个重要作用就是：他们常常可以填补社会福利保障在国家与市场之间所存在的沟壑。大部分发达国家不仅已通过国家立法的形式设立了名目繁多的志愿者组织，他们能为人们提供一系列相关的活动内容；而且他们在实施志愿者计划方面已积累很多经验，有助于解决发展共同体过程中所面对的特殊需求和问题。许多志愿者组织已经实施了大量的有益于共同体的工作，为推动公共精神文化的发展，我们应该为其开辟更多渠道进一步拓展相关活动。

公共精神也可以通过参与社团活动以及邻里之间的相互照料、交通支持和防范犯罪等行动体现出来。也就是说，彰显公共精神的行为不一定是通过正规的途径，也可以表现在对邻里（尤其是老弱病残者）的日常关怀等行为上。这些行为可以包括帮助购物、修整花园、处理一般家庭杂事或对邻里的简单社交访问等。

弘扬公共精神的机会也存在于公共服务领域中。如义务植树、将一些用过的办公设备和家具捐赠给学校或社团组织、企业，让当地居民使用他们的一些设施、免费技能培训等。

对于政府来说，激励人们参与公共活动，决不能让弘扬公共精神文化流于形式，也不可让人们参与活动有种被迫的感觉，国家需要相应的投入和计划行动。如国家在鼓励电视台以及其他媒体大力宣传有关活动的同时，也需要通过立法来有效监控与监管相关计划的实施，政府还需要投入一定的人力和财力来宣传有关的内容，开通咨询服务电话和网站，协调相关部门的关系以保证计划的实施等；除了推广计划所用的开支之外，政府应把主要的开支用于资助那些实施计划的地方志愿者协会和共同体社团。当然引导与维持这样一种全国性的活动，也不至于给政府增添过多的财政支出。

2. 将弘扬公共精神文化作为学校教育内容的组成部分

在当代社会，教育系统是社会资源最重要的来源或原动力之一。而且随着家庭、职业场所等其他社会化载体的权威大为削弱，学校教育在这个过程中必须发挥一种更加突出的效能，让年轻人参与共同体服务活动，对于学校发挥这一效能起到一种积极的推动作用。

假如人们在年轻的时候有过参与共同体活动的经历，而且习惯于这样的行为方式，那么激励他们去从事共同体或邻里活动就可能是件很容易的事情。如果想要人们以公共精神的方式去进行思考与行动，那么，他们就应该把自愿参与共同体服务行动（如每周1小时服务）当作公民教育的组成部分。特别是面临中学毕业并即将进入高等教育的学生，大多15岁到18岁，是他们成为成人并作为社会成员的一个关键时期，可以作为此项教育的重点。

为了便于管理，学校可以与地方政府和地方志愿者机构一起来为学生设计与创建合适的志愿者计划。我们可以设计与创建相关的志愿者计划的实施方案，提供一些工作指南，相关组织也可征求年轻人自己的意愿来选择活动内容，如环境保护、帮助困难人群、自己参与网络设计或展示自己的作品等，激发他们的主动性和创造性。国家政府应该为这些计划的实施提供必要的经济支持，特别要确保在学校中配备充足的相关师资力量，这也可能意味着学校要承担额外的责任，但让年轻人参与共同体服务活动，不仅可以充实学校中有关公民教育的内容，也有助于增强学生和学校自身对共同体建设的价值认识，有助于建立并加强他们与共同体的相互联系，提升共同体建设质量。从推进公共精神文化发展的角度来说，在校学生有过参与共同体服务活动的经历并能从中获得乐趣，可以培养他们有关社会价值的观念和公共精神意识，可以确保我们社会的志愿者队伍后继有人。

二、共同加强校局合作育人制度文化建设

（一）积极制定国家及地方法律法规

综观国外典型的校企合作育人模式，如以企业为主导的德国“双元制”模式、以学校为主导的美国“合作教育”模式、以政府为主导的日本“产学官合作”模式等，虽主导方式不同，但为保障校企合作的健康发展，均制定了十分健全的法律法规保障体系（见表4－5至表4－7），[①] 规定了企业在校企合作中的地位，企业如何参与校企合作、参与的程度如何，如何对校企合作进行监督、管理等；拥有完备的法律法规体系以保障校企合作育人落到实处，产生实效，可以成为我们的有益借鉴。

① 尹庆民等著．校企合作研究——基于应用型高校的模式及保障机制［M］．北京：知识产权出版社，2012：166—181．

表 4－5　德国有关校企合作的法律法规

颁布时间	法律法规名称	制定办法部门
1919 年	《学徒培养规则》	德国联邦政府
1949 年	《基本法》	德国联邦政府
1960 年	《青年劳动保护法》	德国联邦政府
1965 年	《手工业条例》	德国联邦政府
1969 年	《职业教育法》	德国联邦政府
1969 年	《劳动促进法》	德国联邦政府
1972 年	《企业基本法》	德国联邦政府
1972 年	《实训教师资格条例》	德国科教部、经济部
1981 年	《职业教育促进法》	德国联邦政府
1984 年	《职业培训条例》	德国科教部、经济部
1987 年	《考试条例》	德国科教部、经济部
2005 年	《职业教育促进法（修订）》	德国联邦政府

表 4－6　美国有关校企合作的法律法规

颁布时间	法律法规名称	制定办法部门
1862 年	《莫雷尔法案》	美国联邦政府
1917 年	《史密斯·休斯法案》	美国联邦政府
1958 年	《国防教育法》	美国联邦政府
1962 年	《人力开发与培训法》	美国联邦政府
1963 年	《职业教育法》	美国联邦政府
1974 年	《生计教育法》	美国联邦政府
1977 年	《青年就业与示范教育计划法》	美国联邦政府
1982 年	《职业训练协作法》	美国联邦政府
1983 年	《就业培训合作法》	美国联邦政府
1984 年	《伯金斯职业技术教育法》	美国联邦政府
1994 年	《从学校到工作机会法》	美国联邦政府
2006 年	《卡尔·伯金斯生涯与技术改进法》	美国联邦政府

表 4－7　日本有关校企合作的法律法规

颁布时间	法律法规名称	制定办法部门
1951 年	《产业教育振兴法》	日本政府
1958 年	《职业训练法》	日本政府

续表

颁布时间	法律法规名称	制定办法部门
1960年	《国民收入倍增计划》	日本政府
1961年	《学校教育法（修订）》	日本政府
1985年	《职业能力开发促进法》	日本政府
1986年	《研究交流促进法》	日本政府
1991年	《中小企业劳动力确保法》	日本政府
1998年	《大学技术转移促进法》	日本政府
1999年	《产业活力再生特别措施法》	日本政府
2003年	《国立大学法人化法》	日本政府

目前，我国涉及校企合作育人的法律法规主要有《职业教育法》《教育法》《高等教育法》《劳动法》等部分条款有关规定，但相较于发达国家有关法律法规，我国有关校企合作的立法偏少，使涉及校企合作育人相关事务的处理缺少相应的法律规范和处理标准，显得不够系统，权威性和可操作性也有待加强，缺乏强制力实施，从而导致校企合作育人无法深入开展。

如从以上表格可以看出，德国以立法的形式多方位保障，构建了以《职业教育法》为基本法，由《企业基本法》《青年劳动保护法》《劳动促进法》等法律，《手工业条例》《职业培训条例》《实训教师资格条例》《考试条例》等规章和各州的职业教育法律组成的校企合作法律法规体系；法律法规规定具体翔实，便于操作监督，如《职业教育法》明确规定国民生产总值的1.1%、工资总收入的2.5%用于职业教育，在经济困难时也是如此，并要由议会审定监督；《青年劳动保护法》规定企业必须对正在企业接受培训的青年人支付学徒报酬、保证休假与工作时间等；《企业基本法》规定德国人和企业都必须参加本地相应的行业协会，单独一章规定企业在青少年职业教育中承担的职业培训所需要的岗位、场所、设备、师资、资金等办学条件进行约束；《职业教育促进法》规定德国所有企业必须向国家交纳一定数量的中央基金，然后由国家统一分配和发放该基金；为调动企业在校企合作中的积极性，政府给予企业一定的优惠政策，如规定企业的校企合作费用可计入生产成本、可减免税收等；《职业教育促进法（修订）》突出了企业和行业协会的作用，企业参与和主导校企合作的管理与考核过程，将行业协会在校企合作中的地位和作用以法律形式加以肯定，参与校企合作各个重要的环节；为保证职业教育的高水平，联邦政府对校企合作的每个环节都规定了明确的、统一的标准；并根据经济结构性变革引发的职业教育变革，及时修订法律法规，不断创新管理机制，确保校企合作的顺利进行。

因此，我国政府应大力加强校局（企）合作法律法规的建设。既要加强制定国家级法律法规，完善相关法律法规内容，明确政府各相关部门的职责，明确校局（企）合作各方的权利和义务，鼓励和强化公安机关（企业）应履行的社会责任，维护校局（企）合作各方的合法权益，约束可能发生的机会主义行为，着力降低校局（企）合作的交易成本，也要充分利用地方优势，各级政府制定出具有可行性和可操作性、更适应当地经济发展需要的地方性法律法规及校局（企）合作实施细则，建立一套切实可行的规范、管理、扶持、引导校局（企）合作育人的长效机制，将校局（企）合作育人落到实处。

如我国可以通过制定专门而具体的校局（企）合作法律法规及实施细则，用法律的形式规范校企合作，明确规定校局（企）合作各方的权利和义务、管理模式、资金投入比例和限制、人才培养模式、政府有关部门的职责、学生权益的维护以及相应的奖惩机制和法律责任等。在这一法律框架下，各级政府应该根据当地实际情况健全校局（企）合作的管理机构、制度体系和运行机制，并通过建立各级校局（企）合作教育委员会加强对校局（企）合作的指导和协调。

（二）完善校局（企）合作政策

要形成政府引导、市场运作、校企联动、合作共赢的校企合作局面，全面促进校企合作的顺利实施，就需要强有力的政策支持。

首先要完善校局（企）合作的宏观政策。我国早在1985年中共中央制定的《关于教育体制改革的决定》中就提出普通高等学校可以与企事业单位之间开展校企联合办学，后来，国家陆续出台和下发了一些涉及校企合作的文件。如1993年颁布《中国教育改革和发展纲要》、1999年颁布《关于深化教育改革，全面推进素质教育的决定》、2002年国务院颁布《关于大力发展职业教育改革与发展的决定》、2004年教育部等7部门印发《关于进一步加强职业教育工作的若干意见》、2005年国务院颁布《关于大力发展职业教育的决定》、2006年教育部、财政部颁布《关于实施国家示范性高等职业院校建设计划，加快高等职业教育改革与发展的意见》、2007年教育部颁布《关于进一步深化本科教学改革，全面提高教学质量的若干意见》、2010年国务院发布《国家中长期教育改革和发展规划纲要（2010—2020年）》等，但这些宏观政策大都仅仅停留在粗线条的规定上，还没有建立起权威的、完整的校企合作准则和指导手册。同时，这些宏观政策涉及高等职业院校的校企合作较多，而针对应用型高校等其他高等院校的校企合作政策却相对较少。因此，针对目前校企合作的宏观政策可操作性不强、难以落实、涉及面不广等问题，我国应尽快出台权威、完整、涉及多种教育形式的宏观政策，用以规范、指导校局（企）合作的开展。

其次要加强制定校局（企）合作的具体政策和地方政策。应尽快出台各种具体的政策，如用工政策、技术研发政策、捐赠政策、财政扶持政策、税收优惠政策、鼓励及奖励政策等，加强政府的各项鼓励和扶持政策力度，以引导、规范、协调校局（企）合作的开展和实施。如政府应尽快制定企业参与校企合作的税收减免政策的具体实施办法，并在教育捐赠实施免税的基础上更进一步把企业教育捐赠款的30%—50%用于抵扣企业所得税，以提高企业捐赠的积极性；政府和行业共同制定企业参与校企合作的实施细则，规定获得资质的企业在实训基地建设、企业教育培训资金、参与教育有关活动等方面可得到优先支持。此外，目前各地方政府制定的政策还较少，多数地方鼓励措施还没有得到落实，我国地方政府应因地制宜、因势利导，充分利用地方的优势，积极搭建校局（企）合作平台、完善政策、建立机制，积极发挥引导作用，积极推动校局（企）合作的进行，更好地发挥校局（企）合作为区域经济和社会发展服务的积极作用。

三、共同开展其他形式的合作文化建设

多手段宣传，增强认同感。通过宣传手册、新闻报道、公安微信、《校局合作工作简报》、板报、音像资料等多种手段，在湖南红网、公安内网、湖南公安微信、学院校报、重要会议等平台上推出多重宣传，逐步引导社会各界特别是公安实战部门对校局合作工作的关注，日益增强校局双方对实践育人共同体的认同感。

多形式互动，加强感情黏性。合作以来，各基地通过拜师仪式、工作推进会、专题研讨会、经验交流会、篮球赛等多种形式丰富实习指导民警与实习人员的情感交流；学校和基地之间实施联系卡制度，学校为每一合作单位都安排了对口联络人，联络人往往是某一领域专家或某一综合部门负责人，这样，使校局合作融入更多的感情味道，增强了合作黏性。

此外，还可以探索基地建设与管理办法、基地内部的合作实施方案、不同合作单位间的资源共享、经验交流机制等，不断丰富校局合作文化。

后　记

当前，随着我国经济发展进入新常态，人才供给与需求关系发生深刻变化，高等教育结构性矛盾非常突出，为此，党中央、国务院审时度势，大力推动高校转型发展，积极引导高校主动融入产业转型升级和创新驱动发展，努力培养地方经济社会发展急需的应用型人才，全面提高学校服务区域经济社会发展和创新驱动发展的能力。

公安院校是培养公安专门人才的主阵地，是提升公安队伍建设整体素质的源头，如何培养更多更优的公安人才、建设一支群众满意、国家放心、胜任工作的公安队伍，历来是我国公安院校一项重要而又艰巨的使命。特别是信息化带来的急剧变革，当前社会正在快速进入万物互联的智能化时代，互联网已成为社会运转的基石，一方面给人们带来了极大便利和美好，另一方面给世界安全、国家秩序、社会稳定等提出了极大的挑战，对公安人才培养和队伍建设提出了新的更高的要求。

党的十八大以来，面对社会信息化、动态化、法治化带来的巨大变化，公安工作和公安队伍建设出现了一些诸如理念滞后、能力差距以及机制制约等不适应的问题。以习近平同志为核心的党中央多次听取公安工作汇报，并就全面深化公安改革作出重要指示；在中央全面深化改革领导小组的领导下，在中央司法体制改革领导小组的指导下，公安部坚持问题与实战导向，出台了“一揽子”改革举措，几乎涵盖了公安工作和公安队伍建设的各个层面；全面推进公安院校教育教学改革，树立全国公安教育资源“一盘棋”思想，建立公安院校招生与公安机关招警协调机制，进一步明确公安院校的人才培养定位，健全校局合作、协同育人机制，构建实验、实训、实习和实战有机结合的实践教学体系，着力培养学生警务实战能力，优化学生知识结构，提高学生综合素质，[①] 努力打造一支对党忠诚、服务人民、执法公正、纪律严明的公安队伍。

---

① 人力资源社会保障部等六部门关于公安院校公安专业人才招录培养制度改革的意见（人社部发〔2015〕106号）。

公安院校以公安工作需求为导向，纷纷采取多种形式与公安机关开展合作，不断加大“校局合作”的力度和广度，主动对接实战、服务实战，积极推进教学、科研与警务实战创新融合，突出忠诚警魂培育、加强警务能力培养，有效促进了公安应用型人才的培养质量。实践证明，“校局合作”育人的确是一条公认的有效的公安应用型人才培养之路，但现实中进行得并不是一帆风顺，在不少地方不时呈现出“（学校）一头热（公安机关）一头冷”或可持续性较差的困境，[①] 与中央《全面深化公安改革若干重大问题的框架意见》要求有较大差距。

由于工作上的关系，近年来，笔者一直比较关注校局合作的有关研究与进展，发现有关文献已经对校局合作育人影响因素、合作内容和合作方式等进行了比较丰富的分析，提出了不少有针对性的对策，也比较一致地认为在目前公安院校服务公安实战能力整体较弱、校局合作难以实现双赢（更多地表现为学校是获利较多的一方）是直接制约着公安实战机关参与校局合作育人热情的重要原因。于是，对策建议通常也较多地建议公安院校加强投入和研究，提升师资队伍水平，增强服务实战能力。但问题是，由于社会分工、体制设计以及公安工作特殊性等多方面原因，当前公安院校要切实提高服务实战能力是需要较长时间的，那么是否就意味着在这一较长时间内校局合作育人就难以甚至无以开展？公安院校如何才能快速有效增强自身服务实战的能力以促进校局合作多赢？到底该怎样走校局合作育人之路才能适应当前公安应用型人才培养的需要？

带着上述问题，笔者努力走进合作理论，希望从中找到力量，结果发现合作有利益合作和非利益合作之分，“共同体”与合作之间关系非常密切，并且“共同体”对“共同利益”与“私人利益”“成员利益”作了明晰的区分，超越了“单纯利益合作”的限制，跳出利益、效率等市场准则的制约，避免了无利可图便无合作可能的局限。特别是习近平总书记积极倡导和构建“人类命运共同体”的重要理念被载入联合国多项决议，结合公安人才培养的准公益性和复杂性，也使笔者更加坚信“校局合作育人共同体”是引领校局合作培养公安实战型人才的未来，这也成了本研究的基本逻辑与着力点。

在进一步梳理有关研究文献的过程中发现，我国共同体的生成路径向来具有政府依赖的传统，加之公安教育的特殊性，更需要政府的主导和公安机关的积极参与，协同学校合力打造“育人共同体”，从共同体内在的公共精神出发，摆脱“育人只是学校的事”“校局合作育人就是帮学校忙（或学校就

① 谢盛坚，李松梅．论校局合作的历史、现状制约因素及发展思路［J］．政法学刊，2014（5）．

是获利较大一方）”等观念的束缚，秉承“一起为国家和社会培养公安人才”“最终大家都是受益者”的理念，共同促进公安实战型人才的培养质量和水平，不断满足经济社会发展对公安人才的需要；同时在合作中逐渐提升学校服务实战的能力，有效实现校局合作的共赢、多赢。

十分感谢湖南警察学院和教务处为本书写作提供的大力支持，特别是让笔者有半年时间到长沙市公安局参与“双千计划”交流，既有机会到公安实战机关开展调研和收集有关素材，也可暂时摆脱校内教务的具体事务，静下心来用心整理资料与文字撰写。

还要深切感谢长沙市人民警察学校谢礼校长、饶俊科长和雷新民教官等对本研究的指导和帮助；感谢本研究所参考的所有国内外文献作者与单位；感谢家人对笔者研究工作的理解与支持。

当然，因笔者研究能力与水平所限，书中难免有不当之处，恳请大家批评与指正，权当此书只是一块抛砖，希冀引来更多宝玉。

著　者

2017 年 9 月